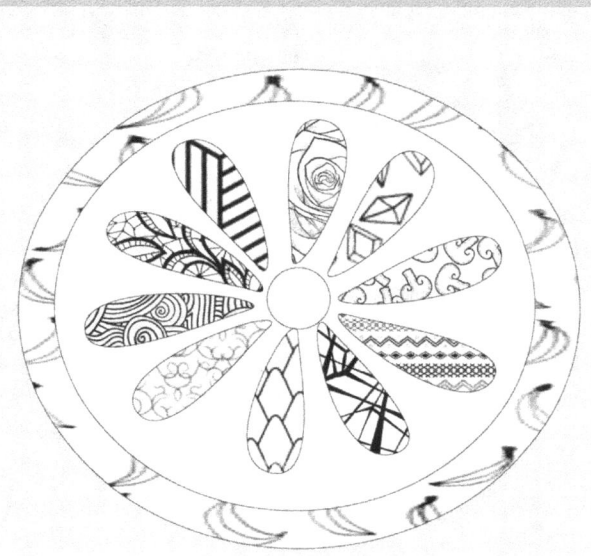

AUTHORS NOTE

This book is a compilation of years of hard work;
all the pictures here were made by me and were deigned
in a period from 2002 to present day.
I hope you have enjoyed coloring my artwork
Please Do not sell or distribute this material
without my permission.

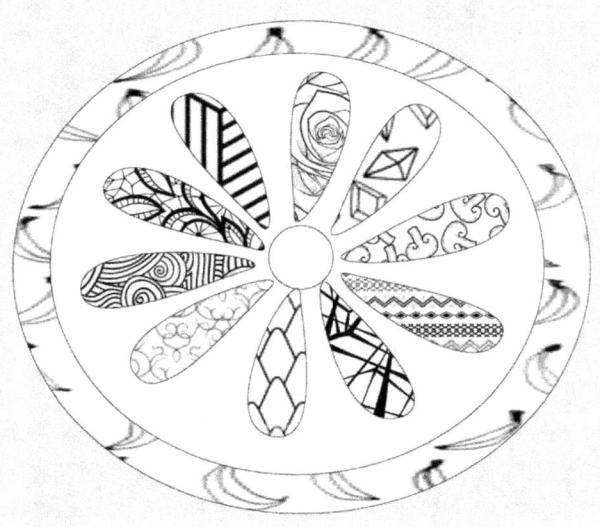

AUTHORS NOTE

Este libro es la recopilacion de arduo esfuerzo que se viene coleccionando desde el año 2002 hasta el presente Espero que hayas disfrutado coloreando mi arte Te agradezco por la compra y te ruego que No vendas ni distribuyas este material sin mi consentimiento.

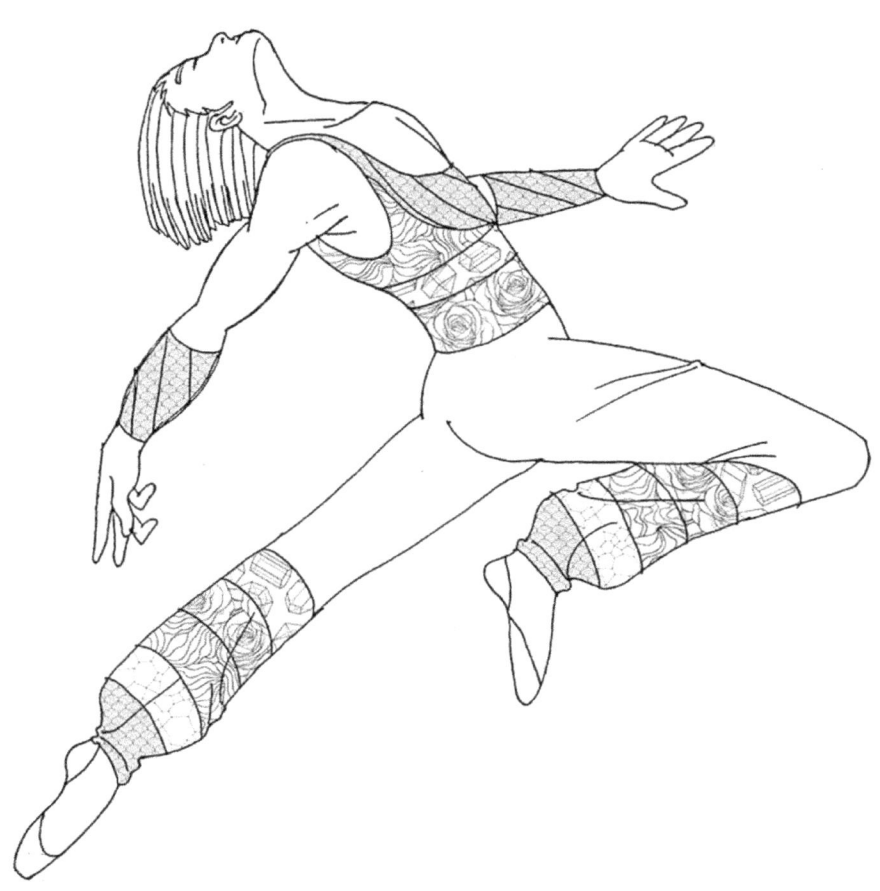

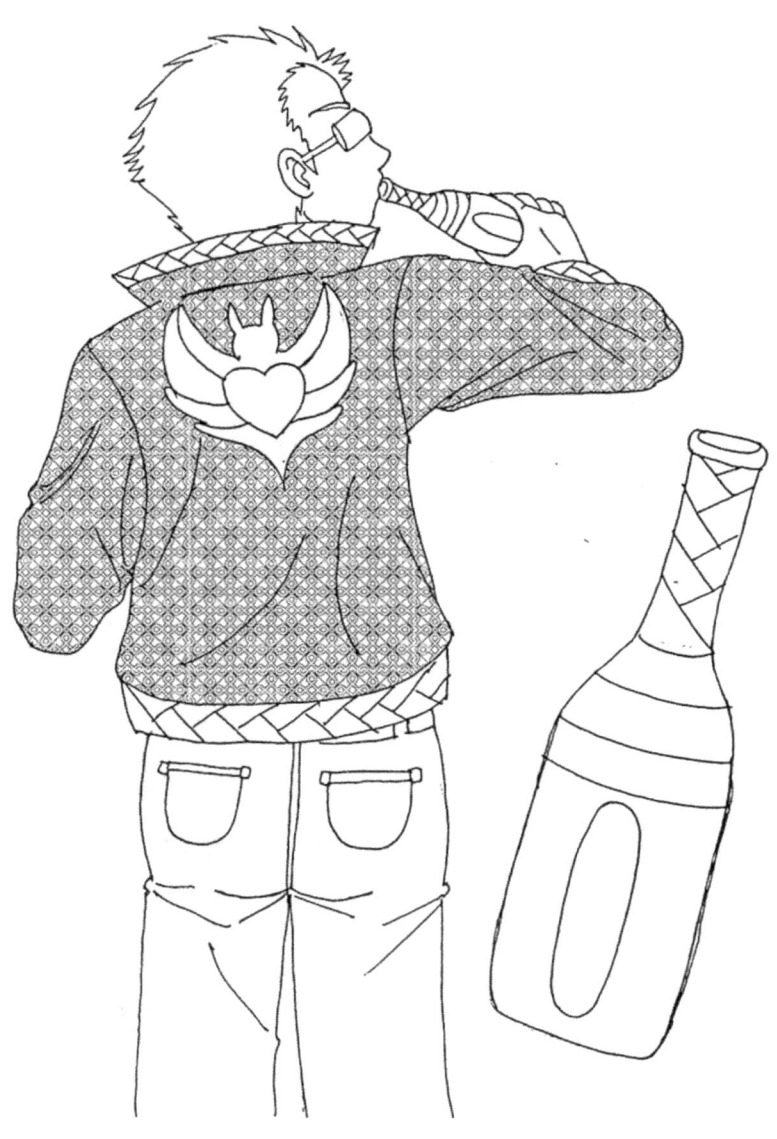

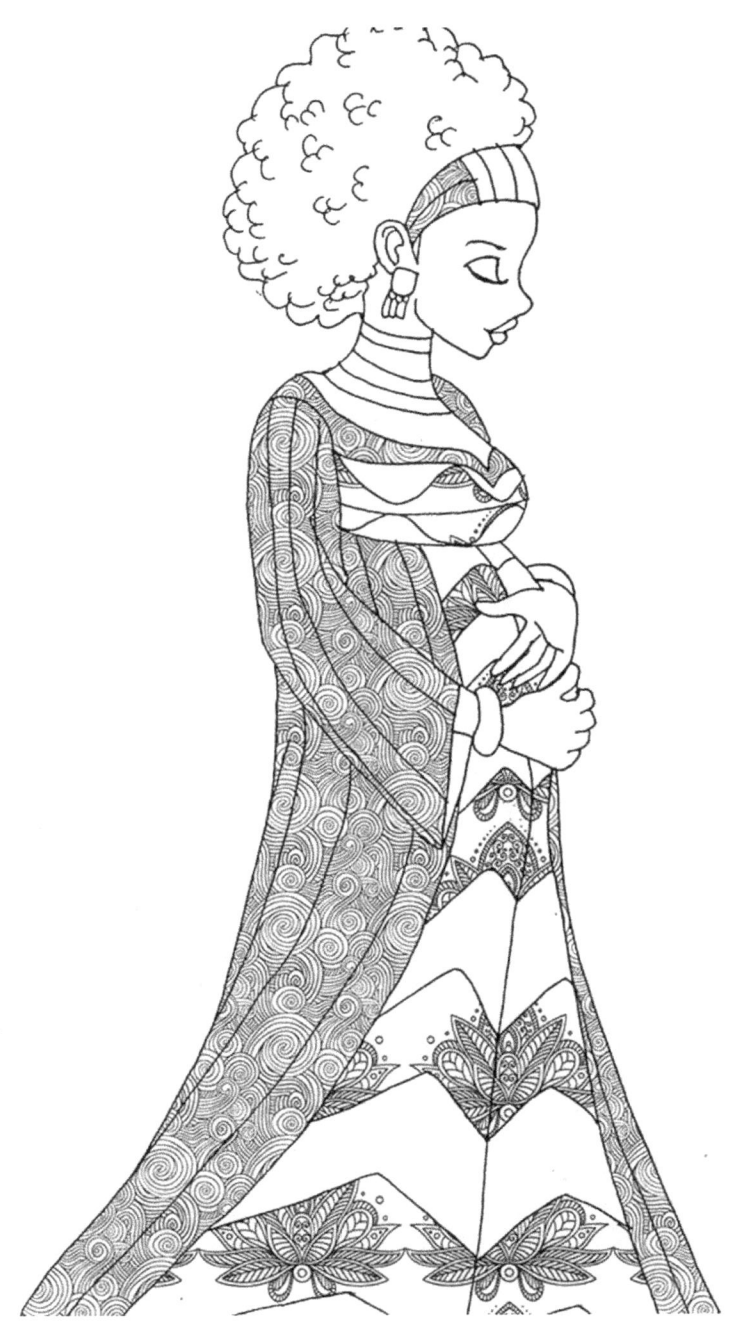

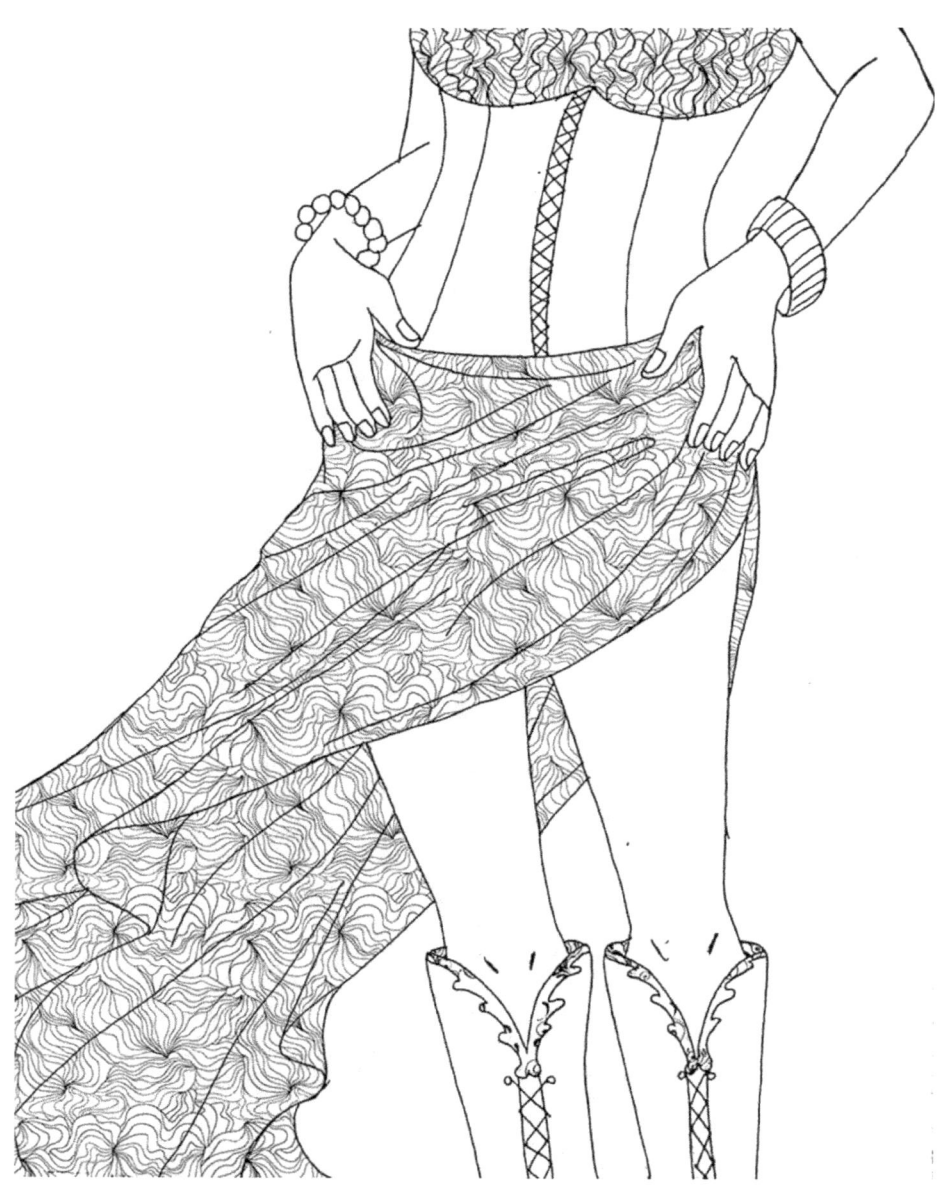

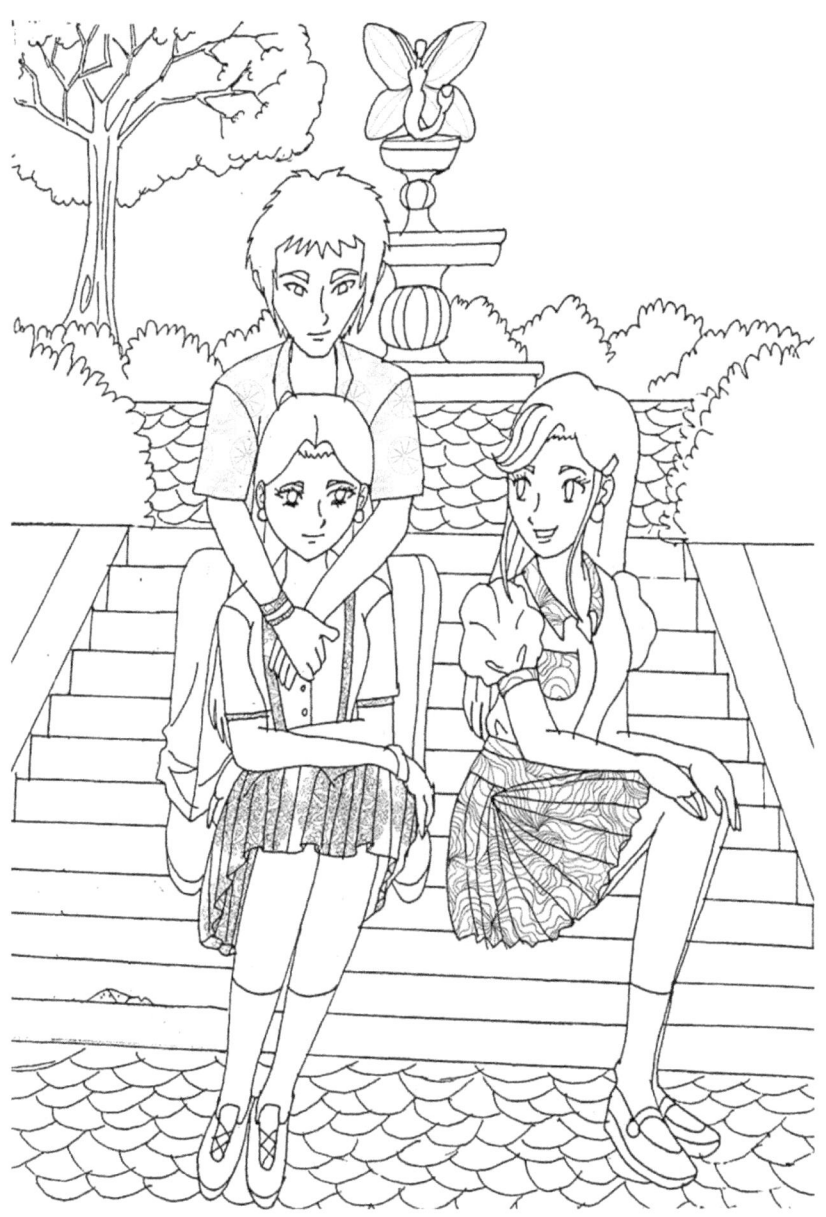

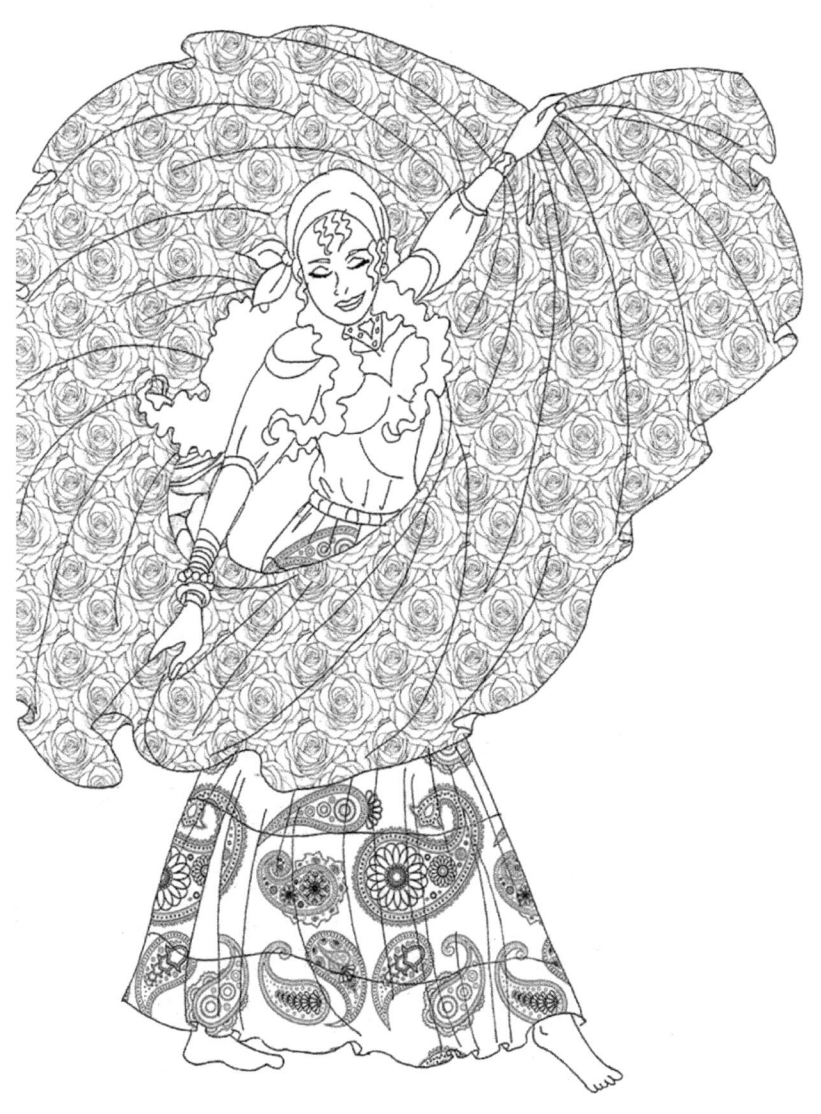

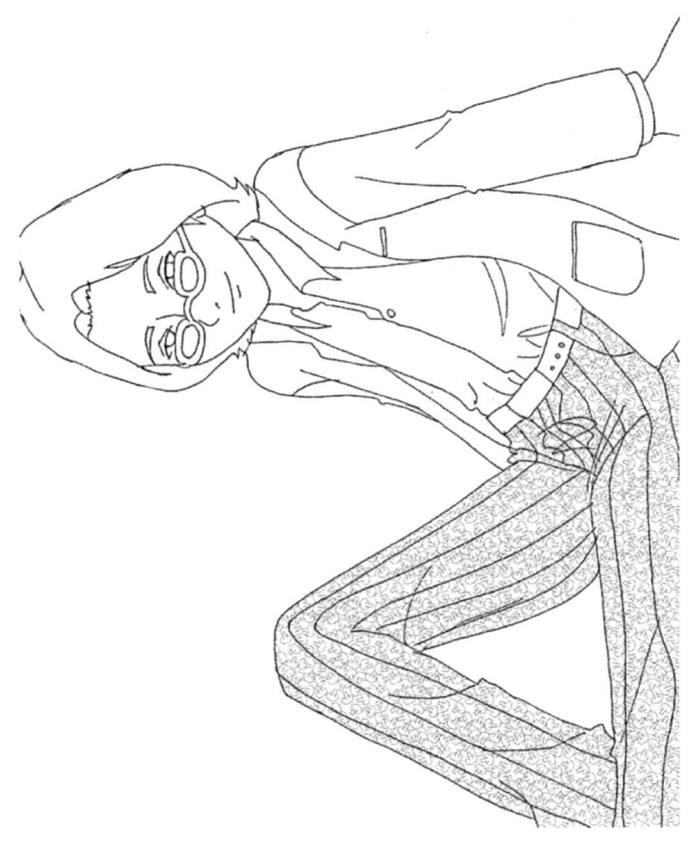

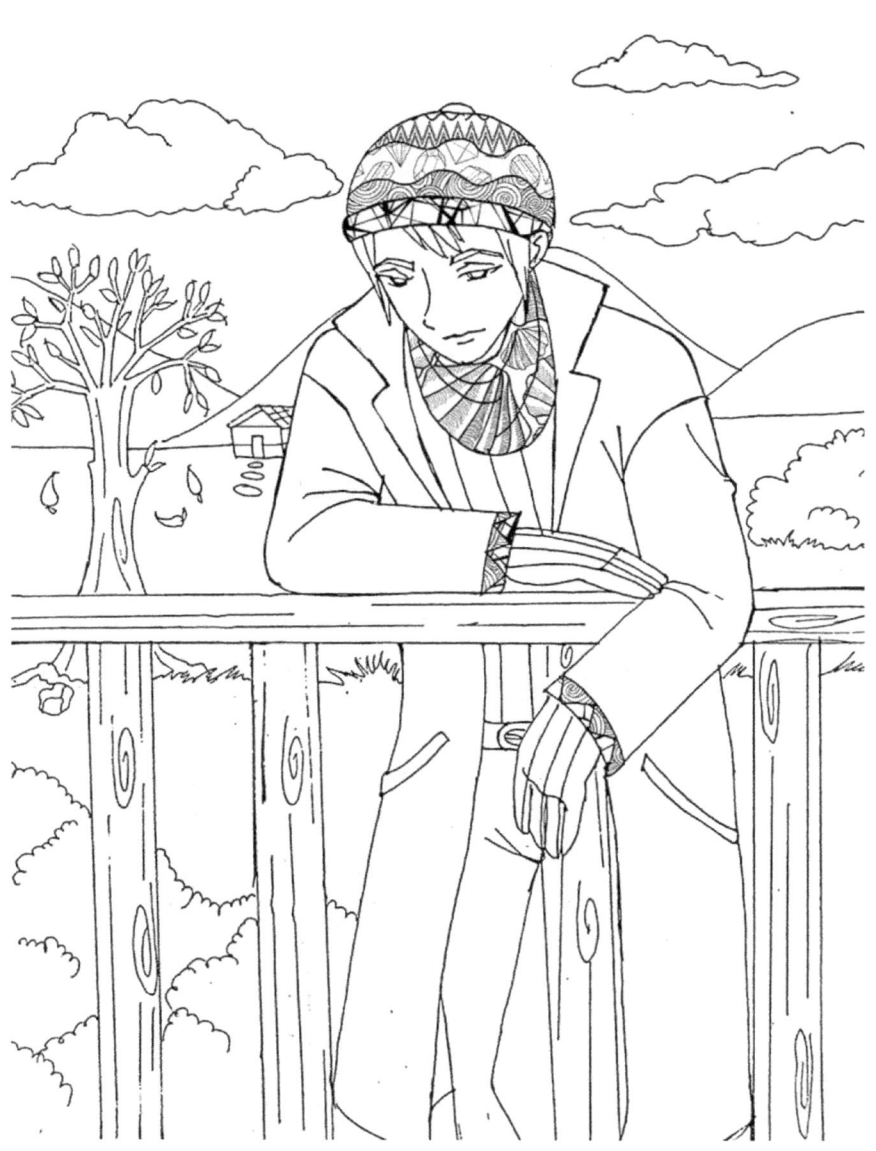

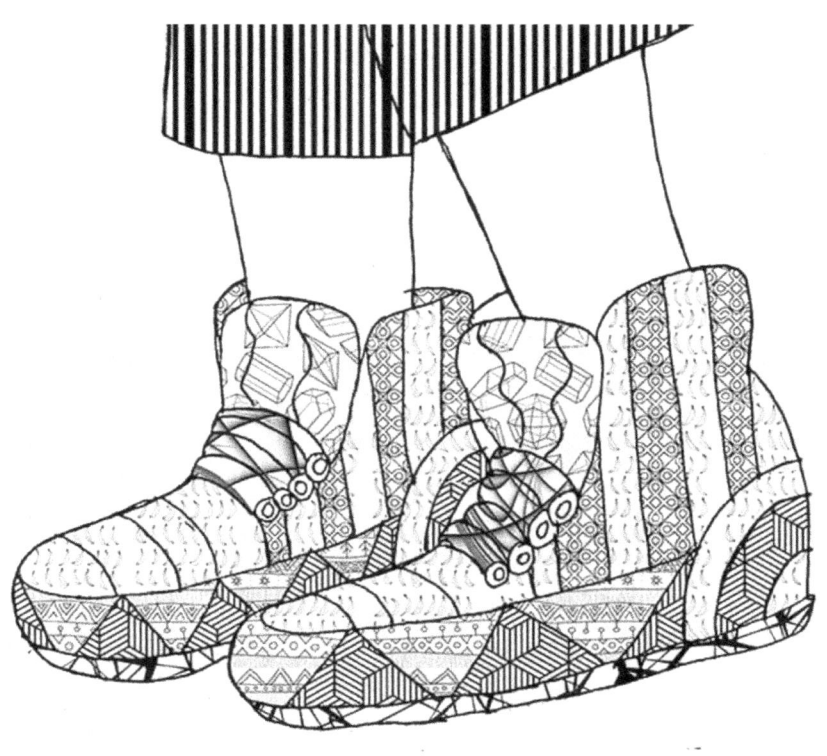

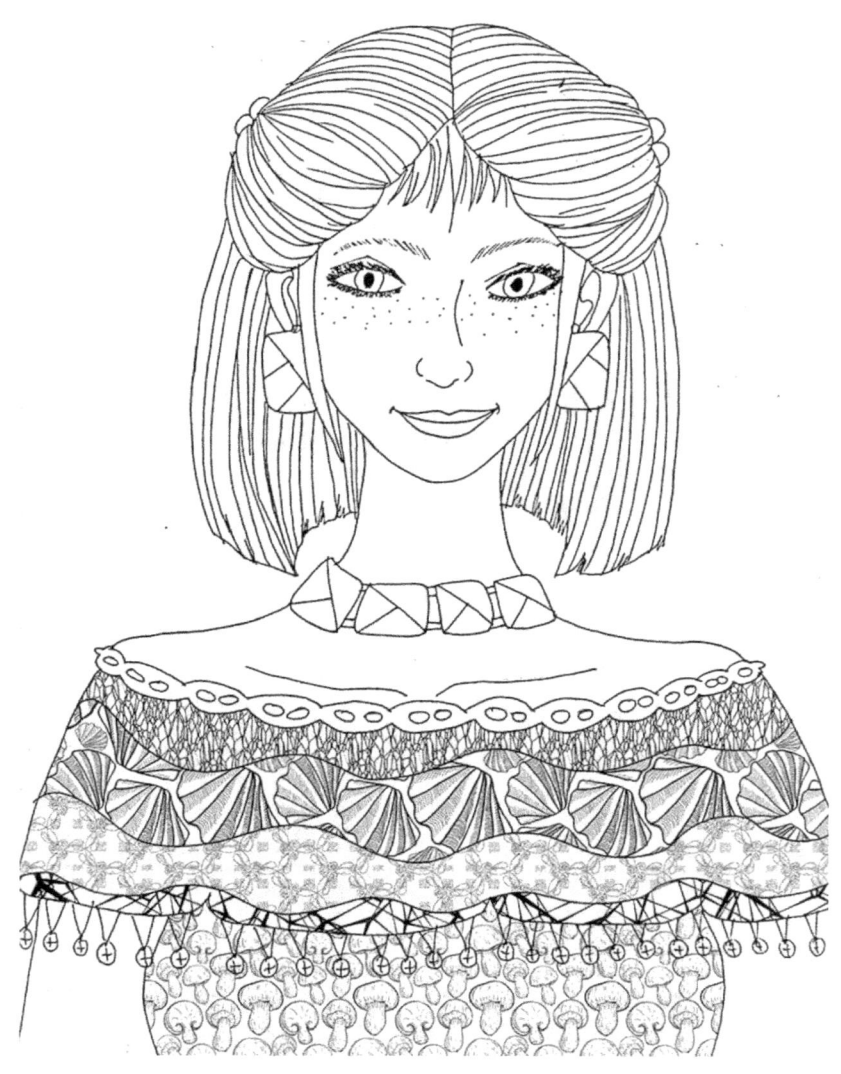

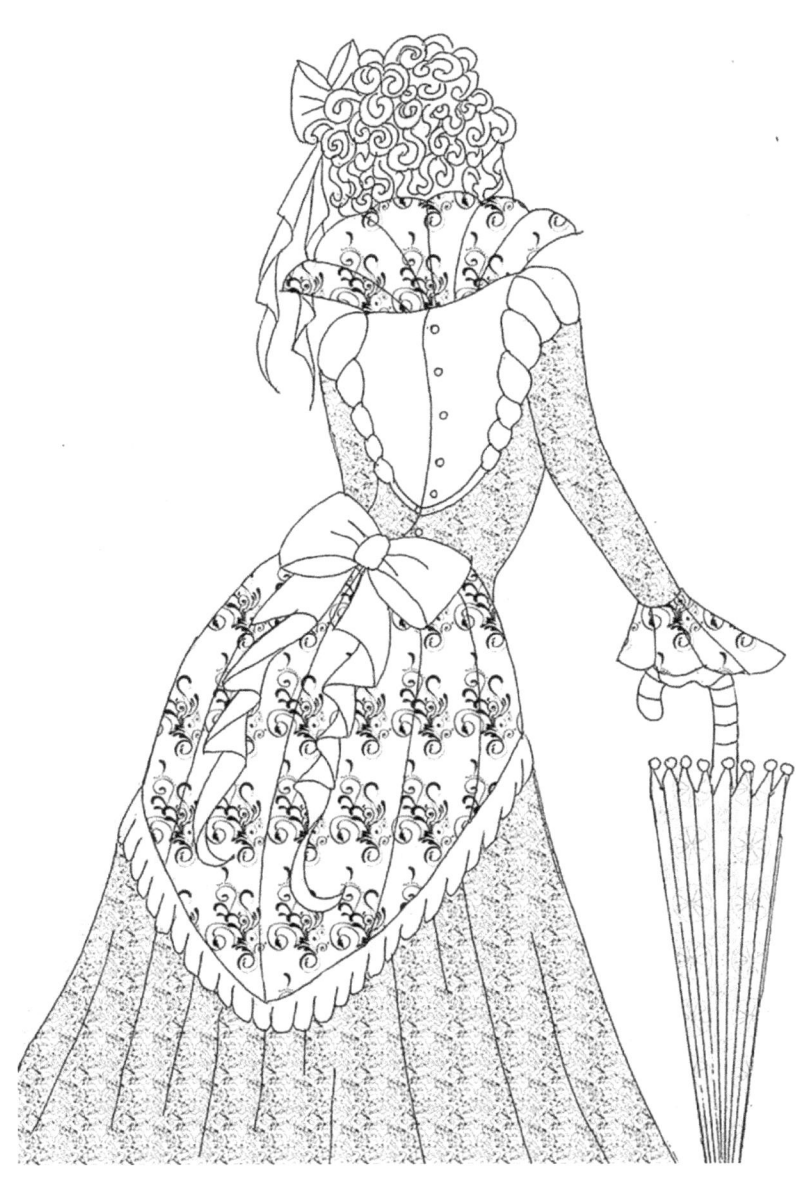

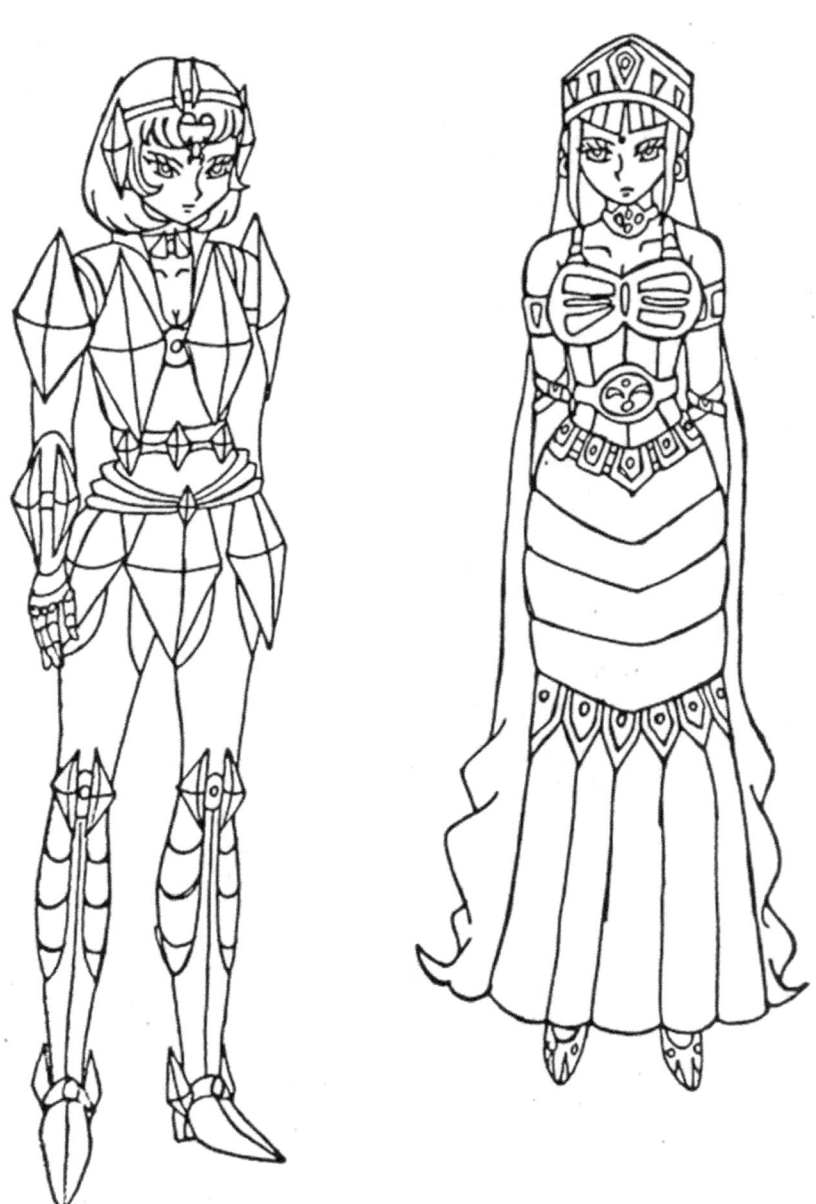

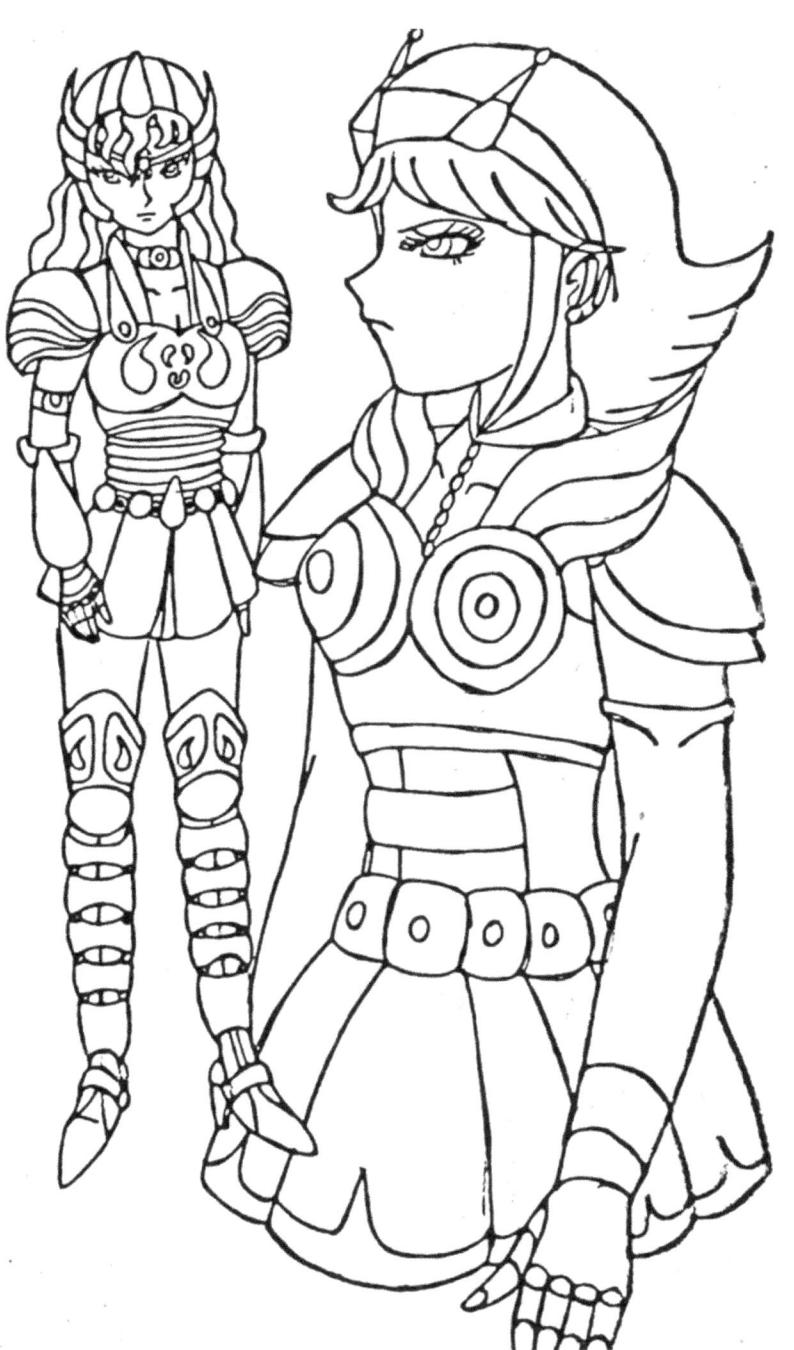

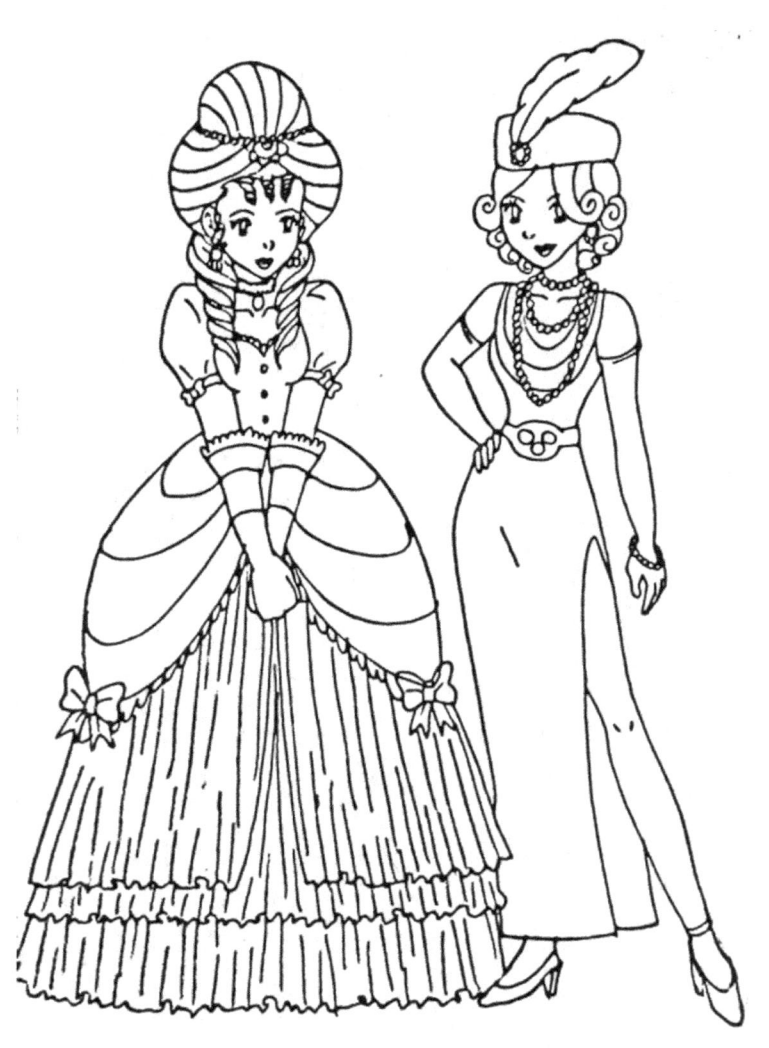

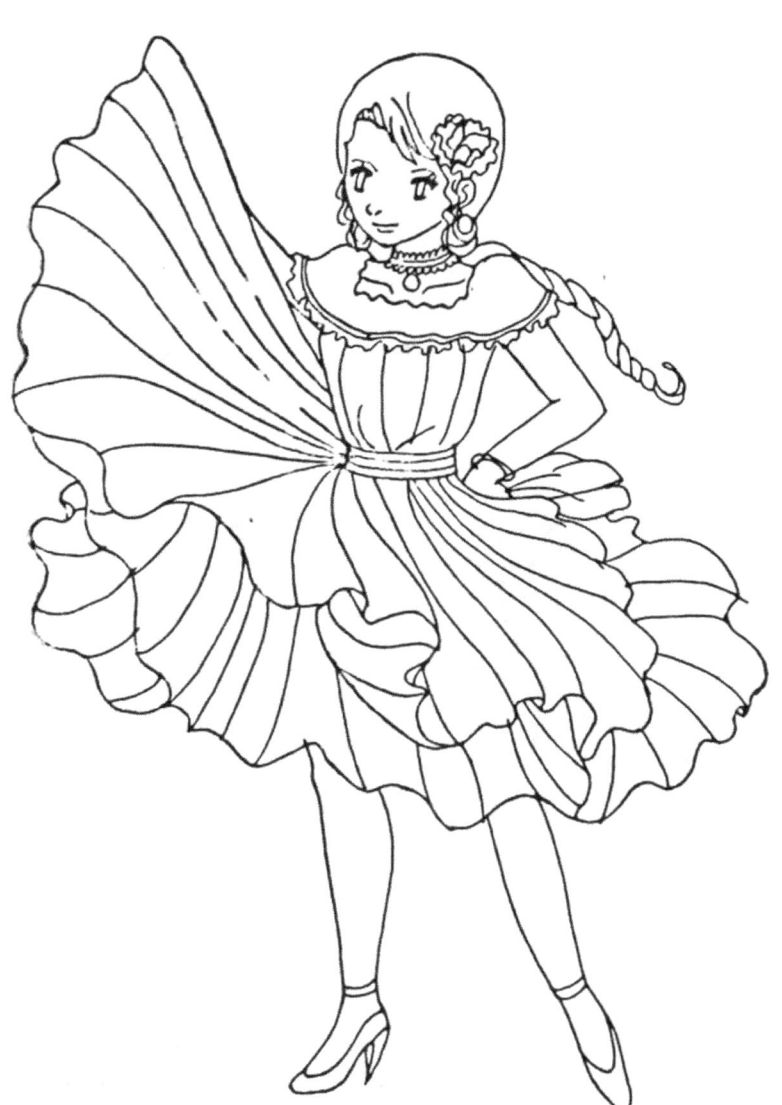

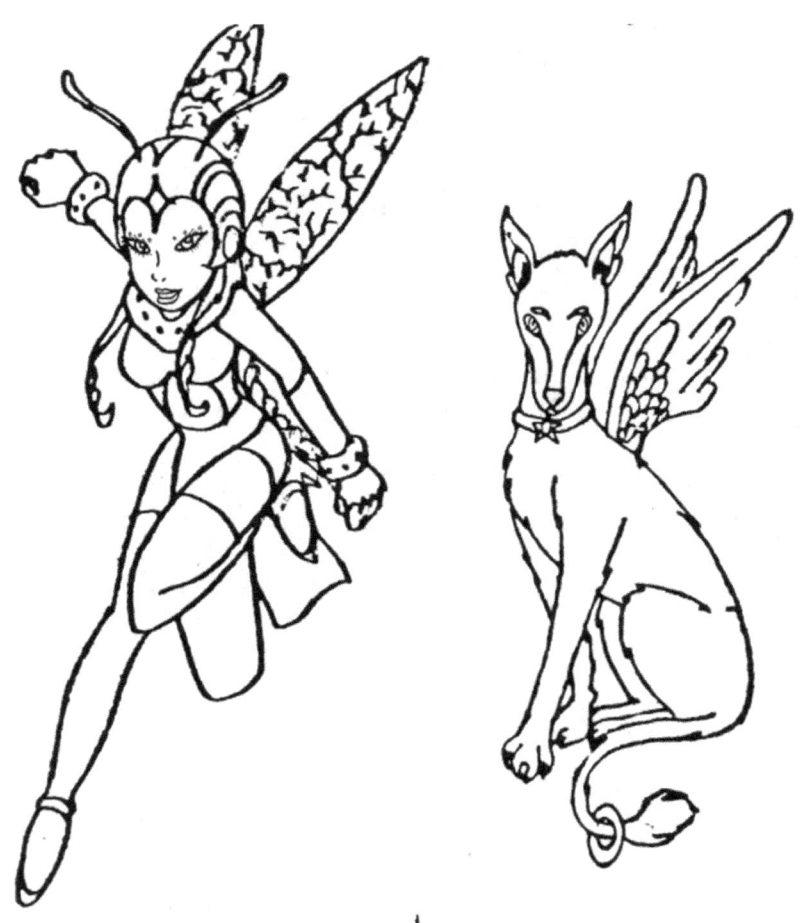

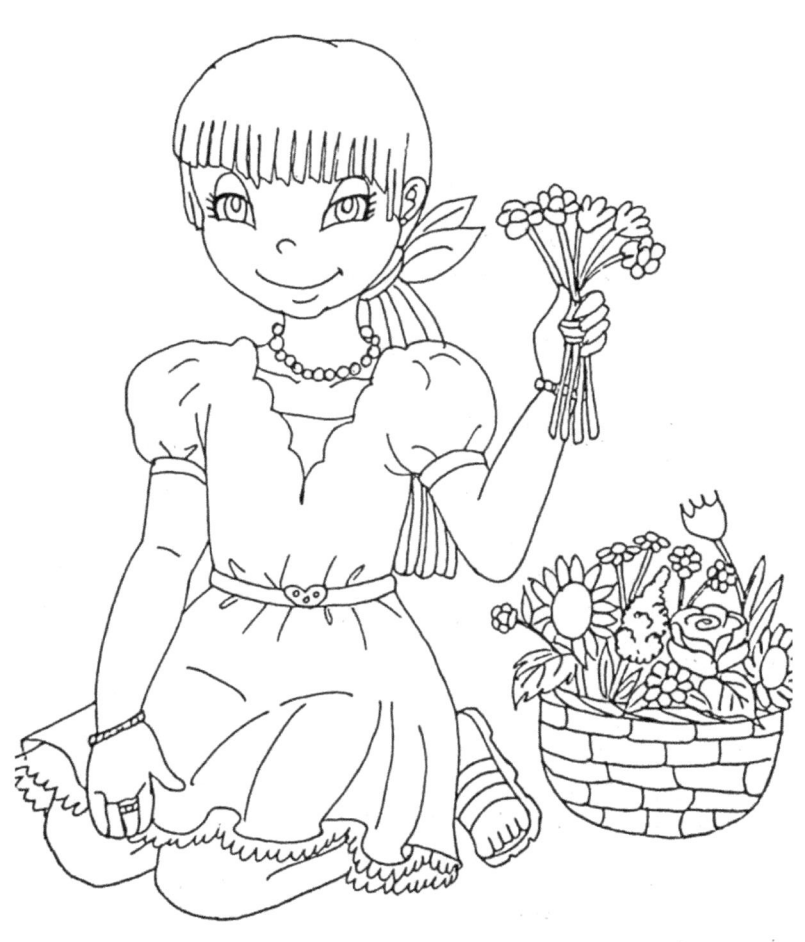

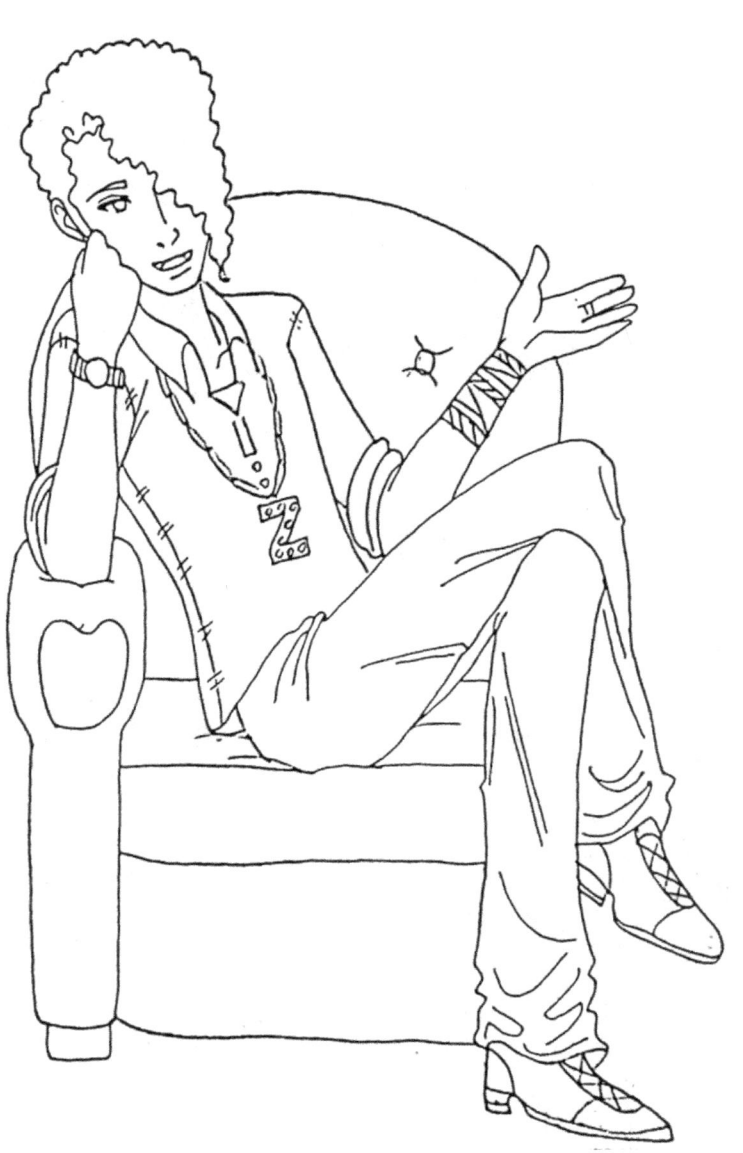

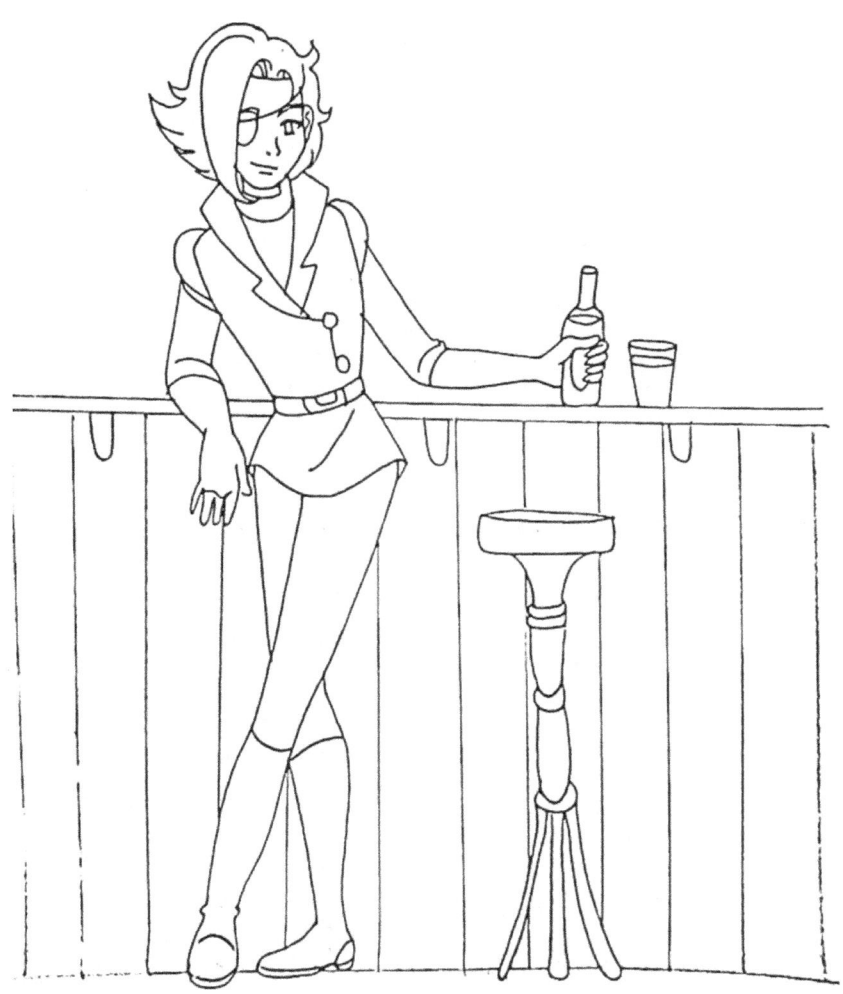

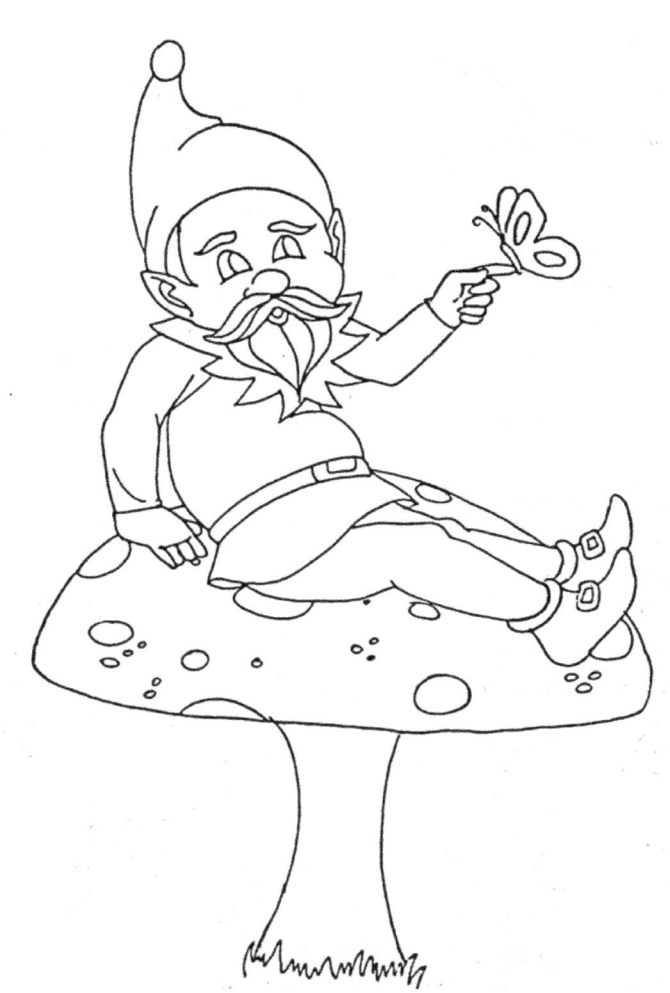

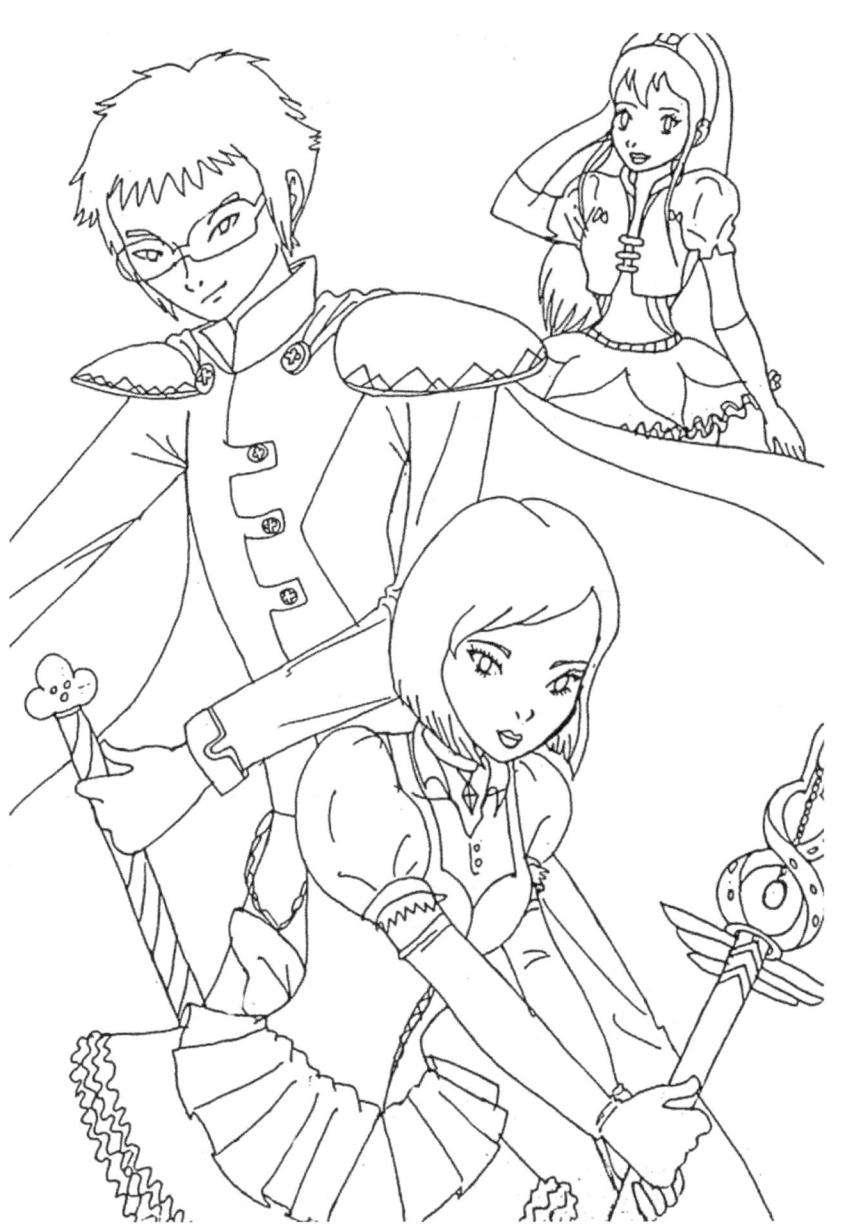

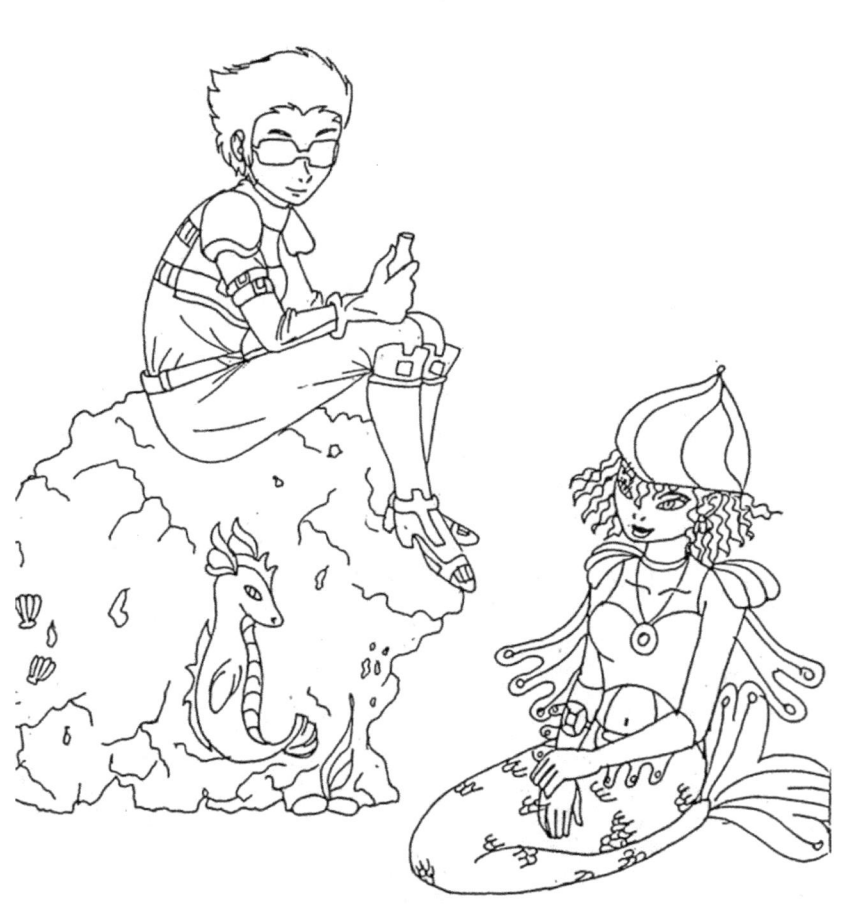

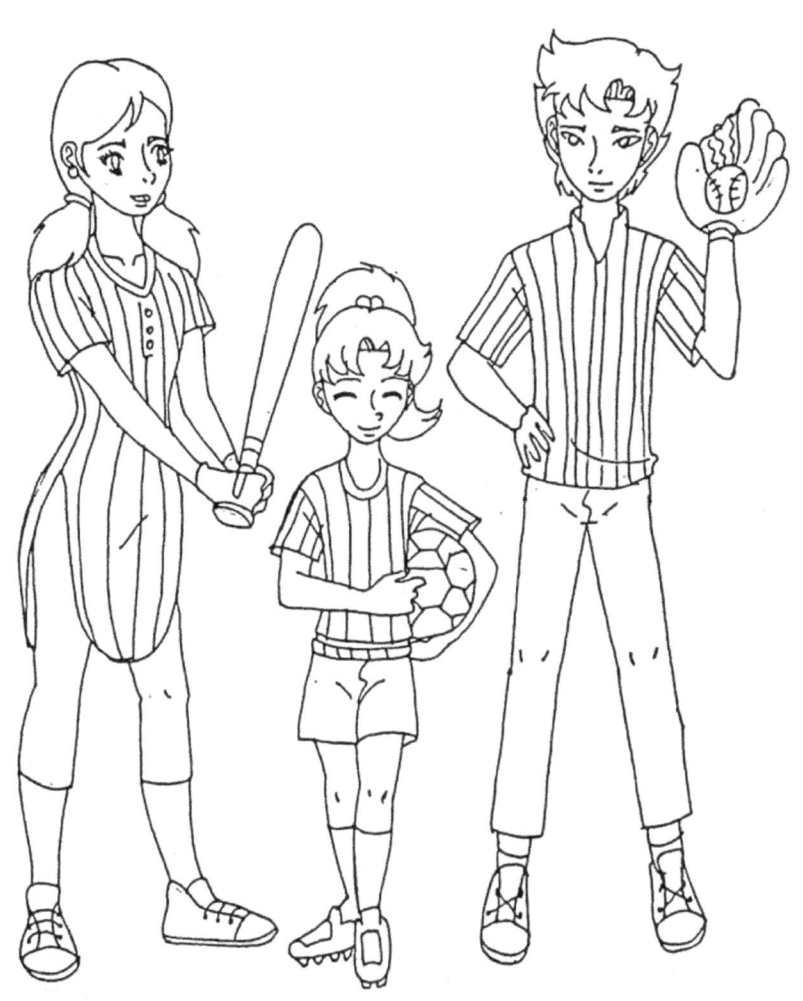

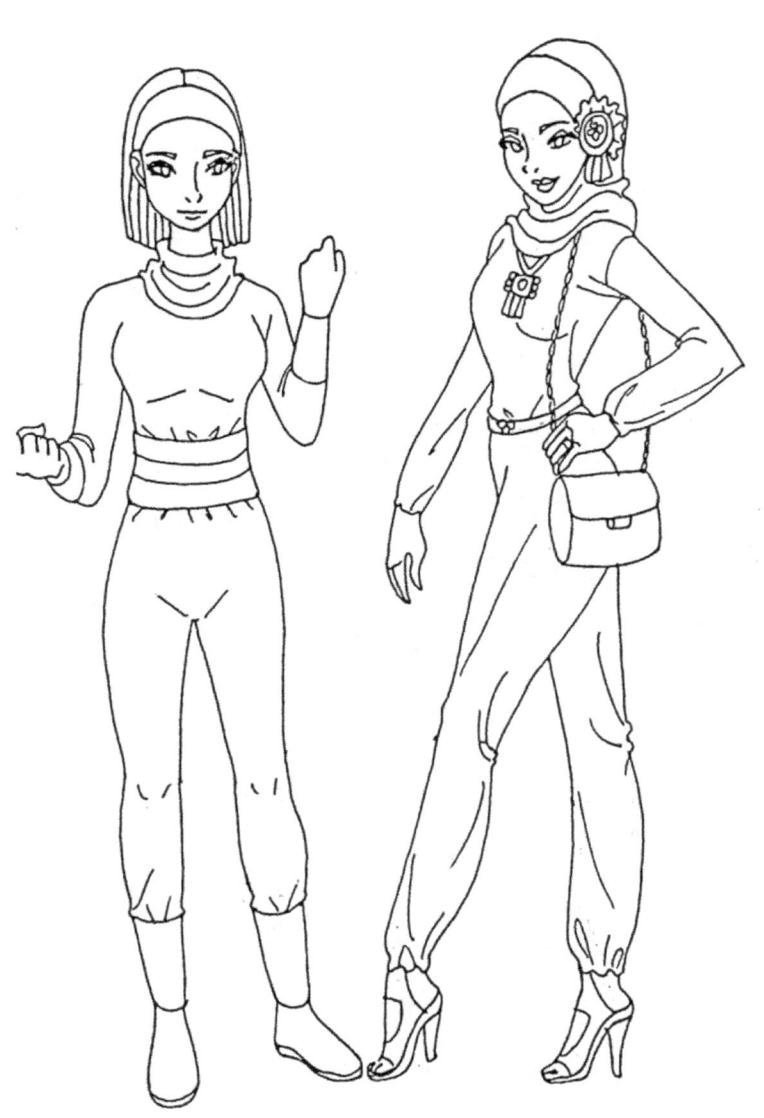

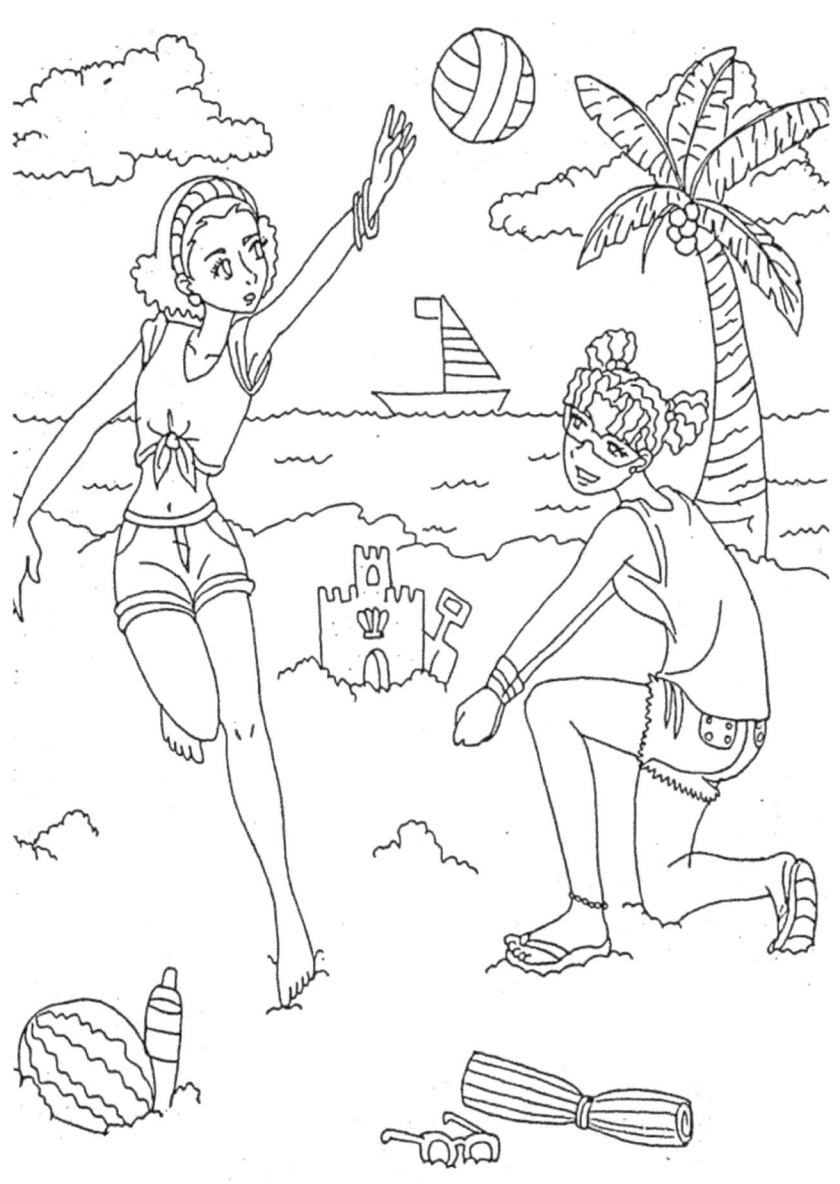

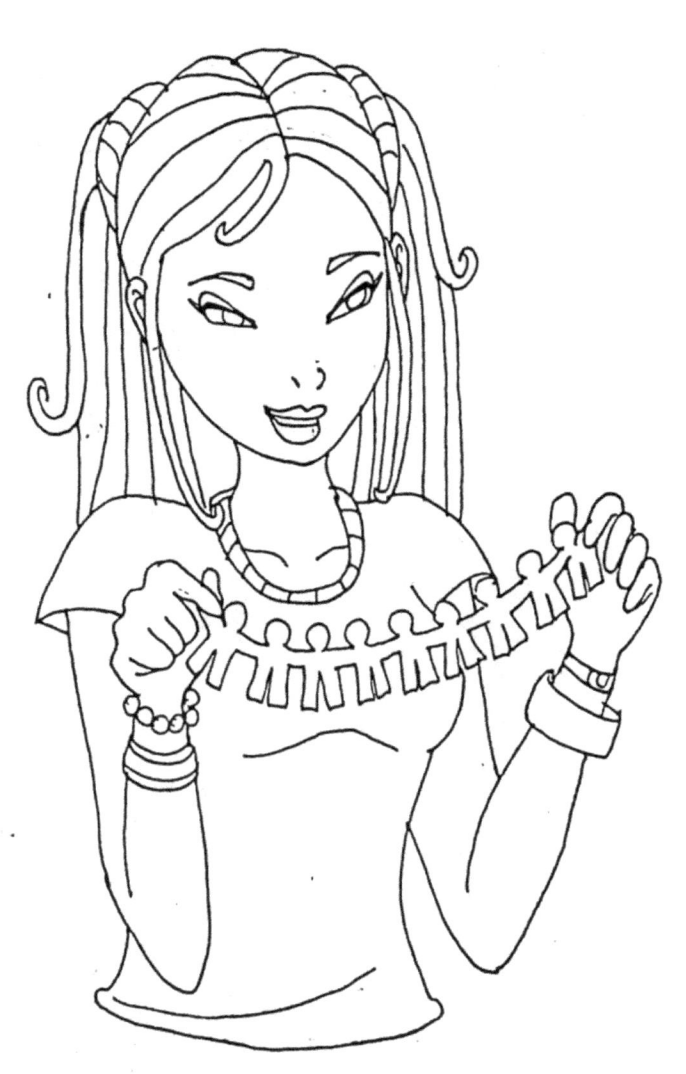

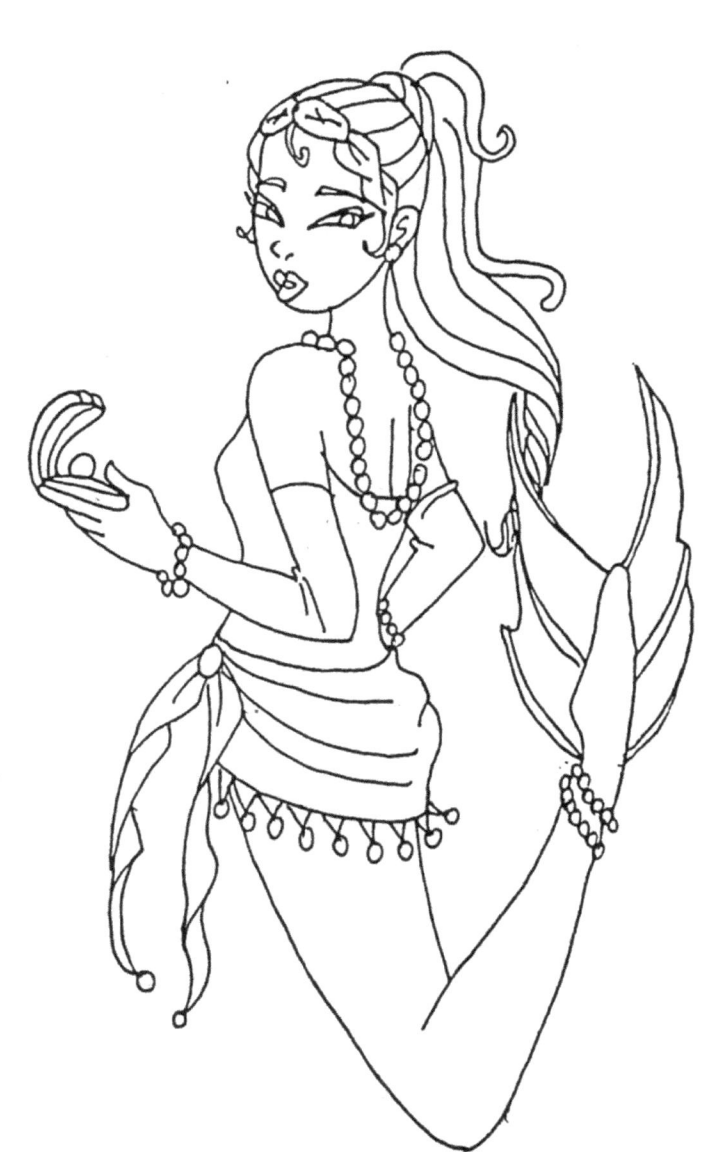

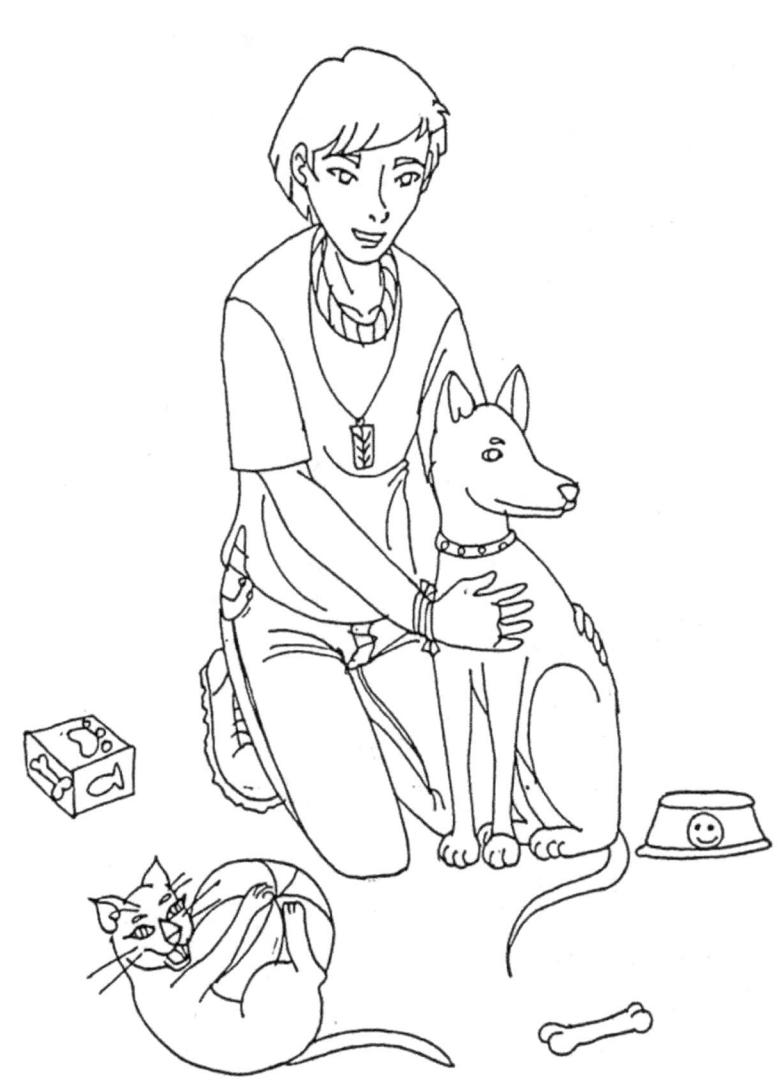

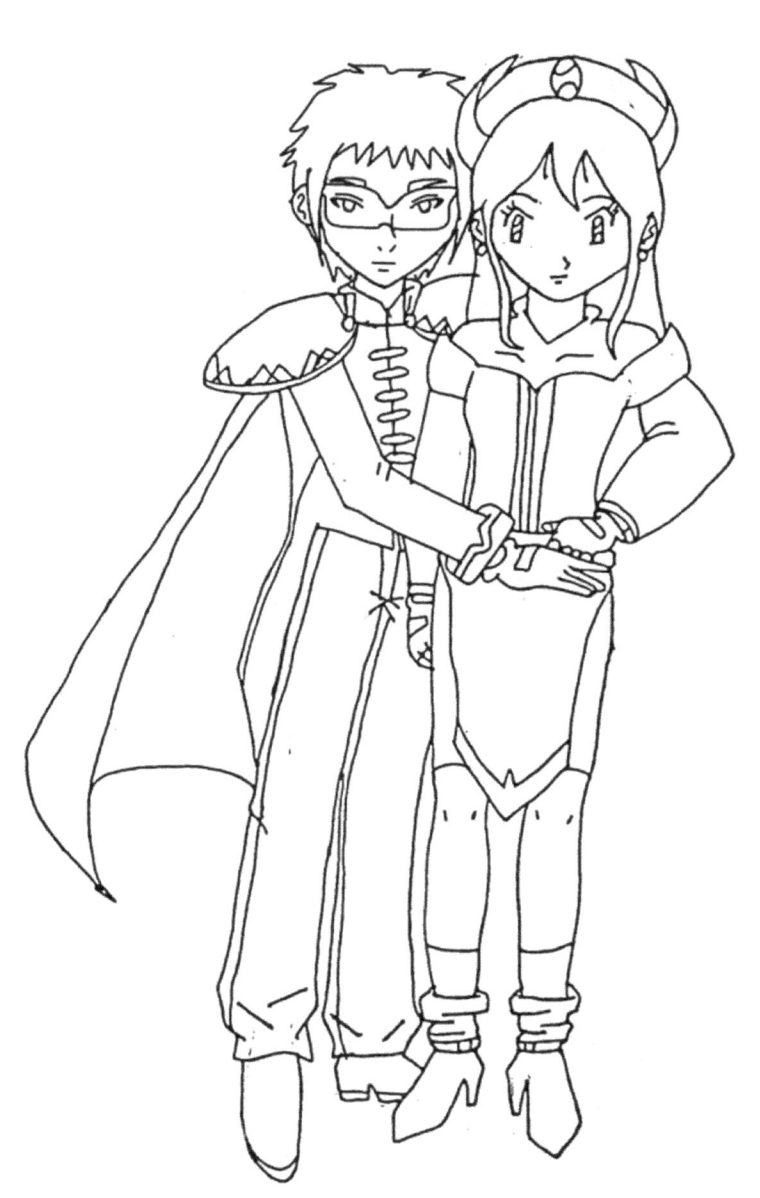

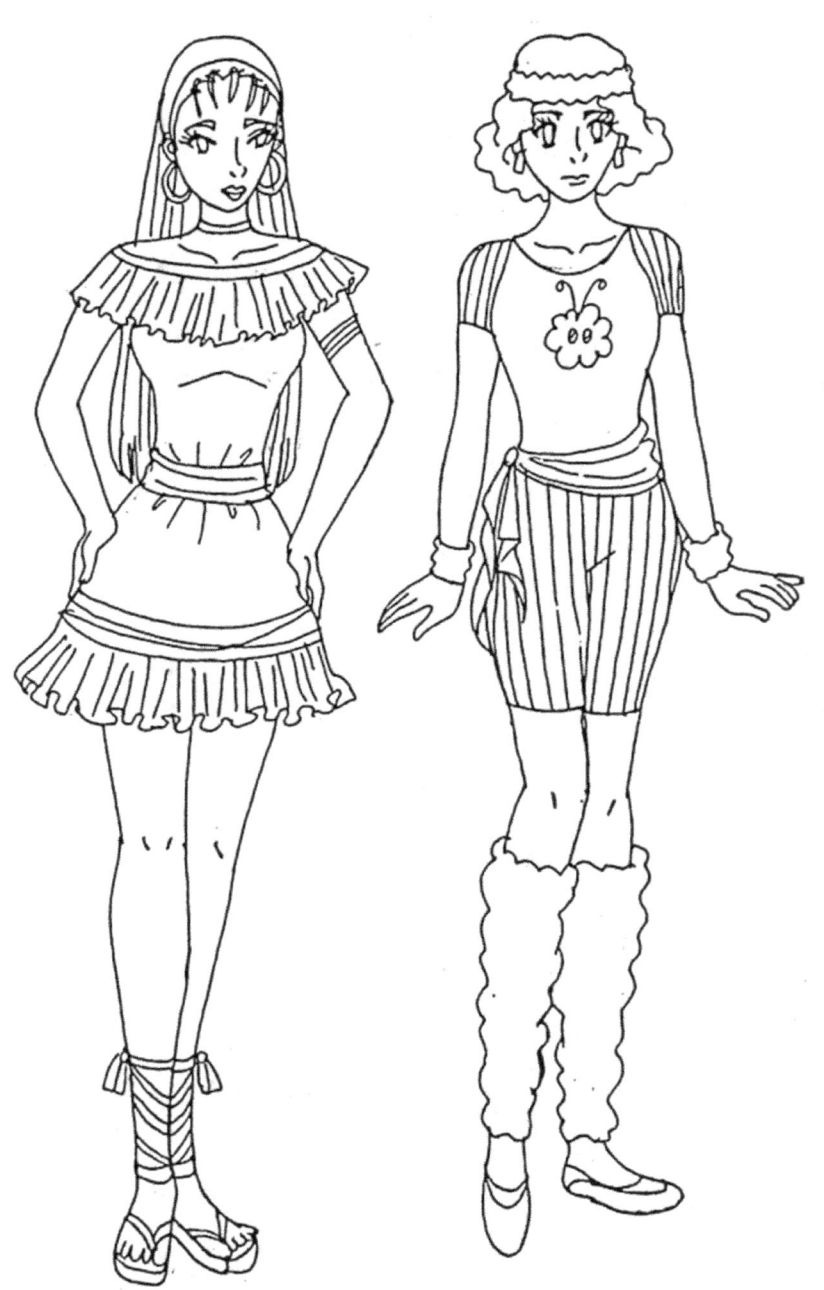

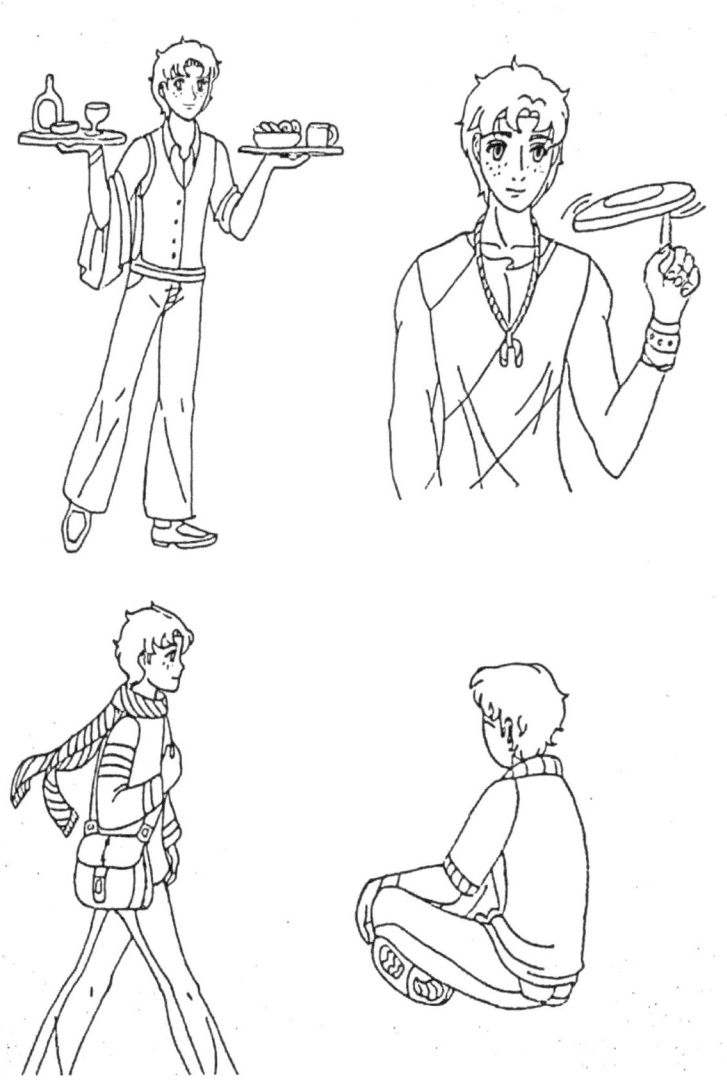

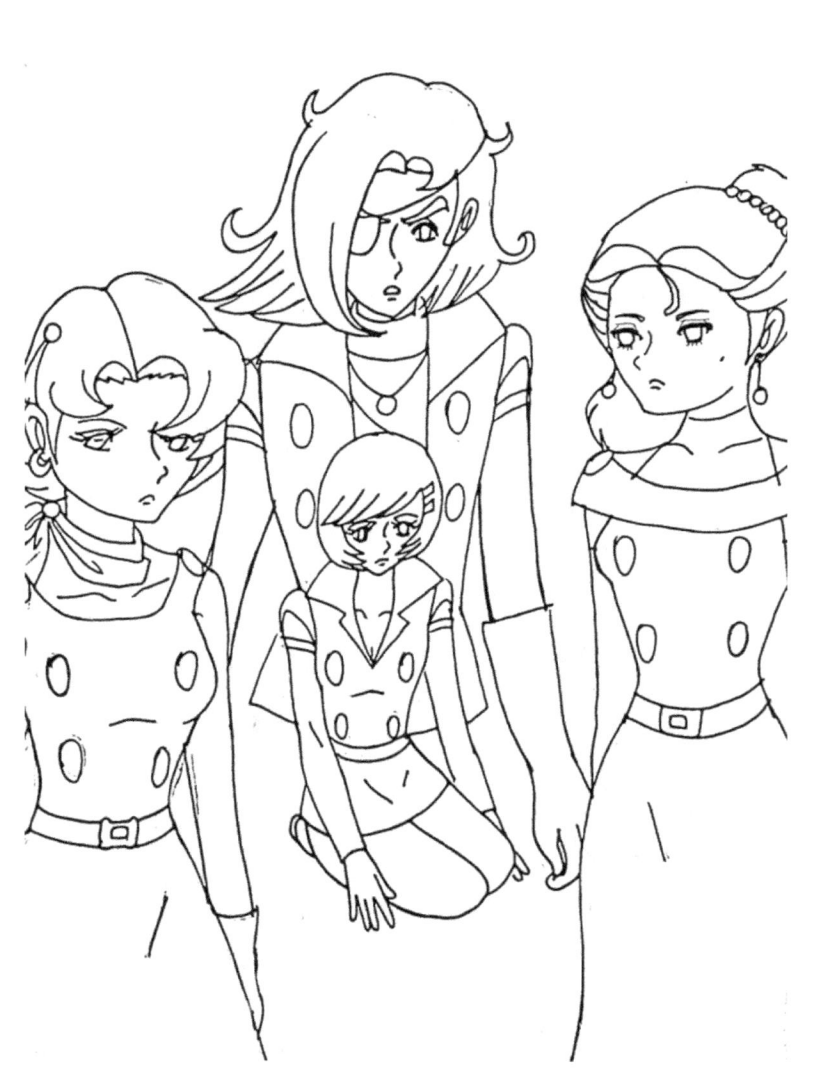

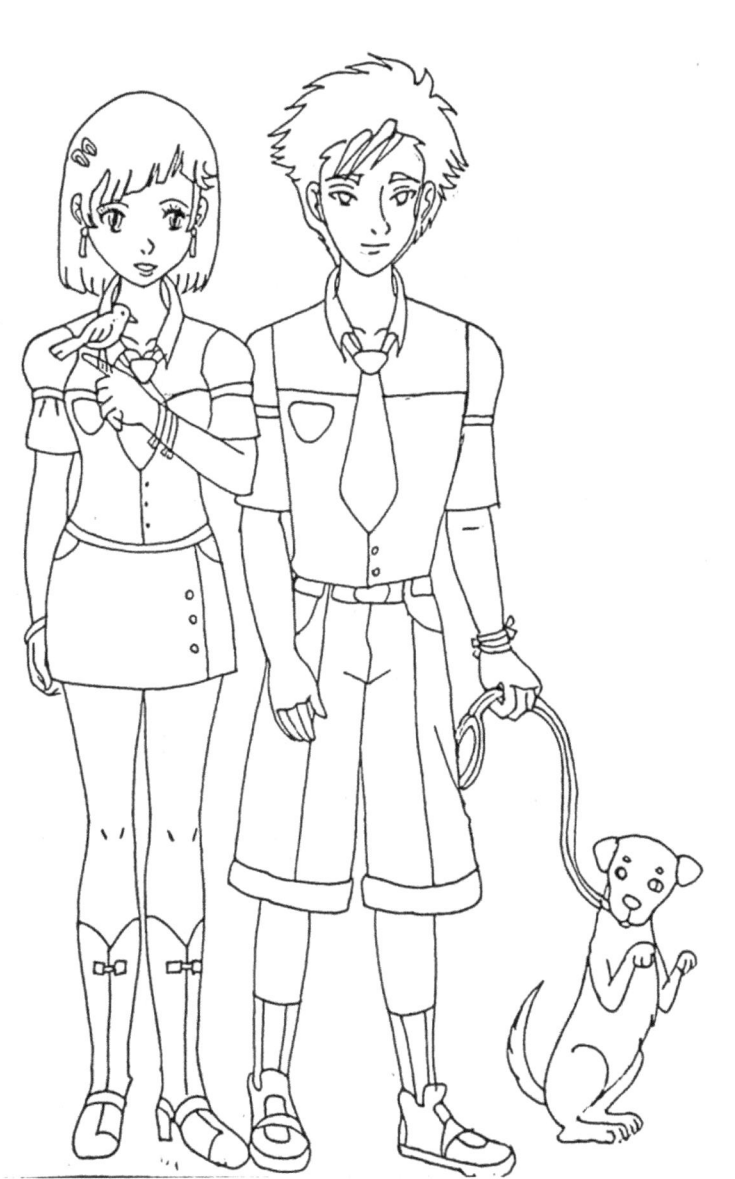

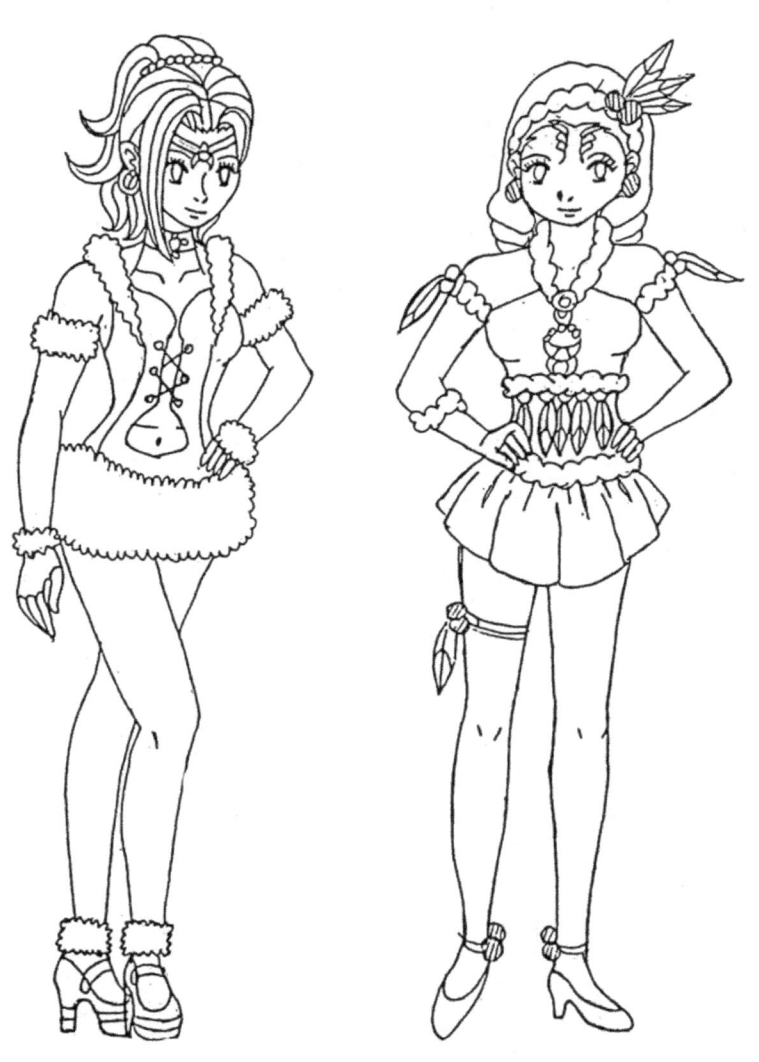

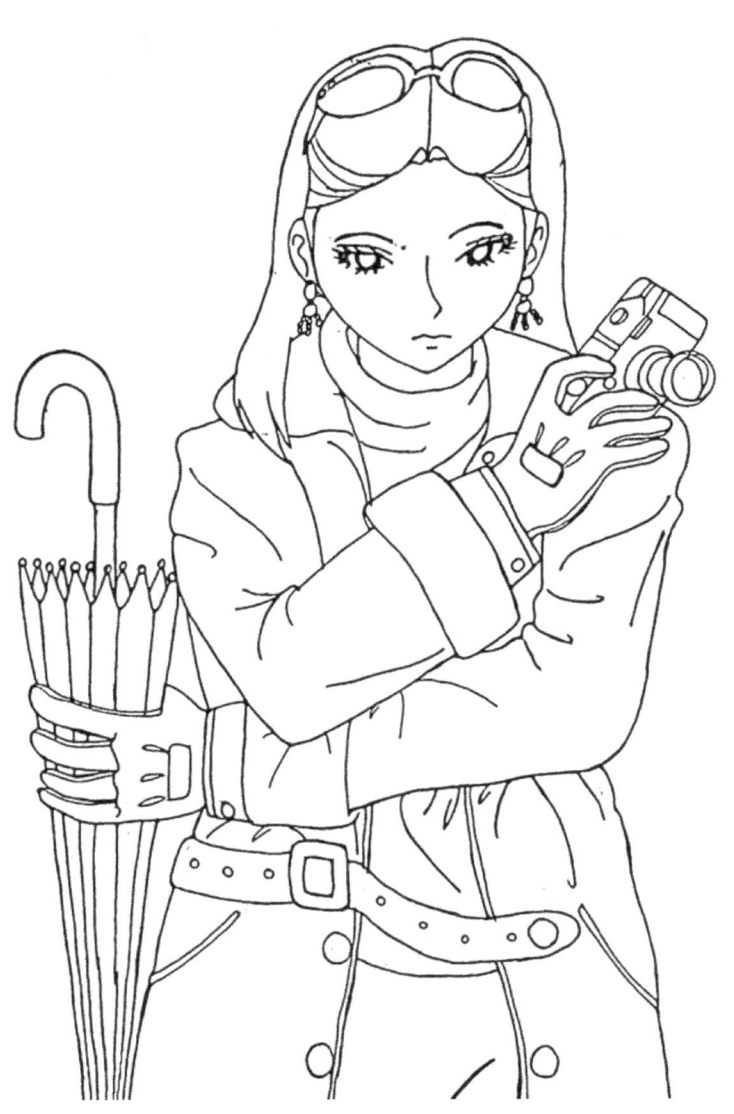

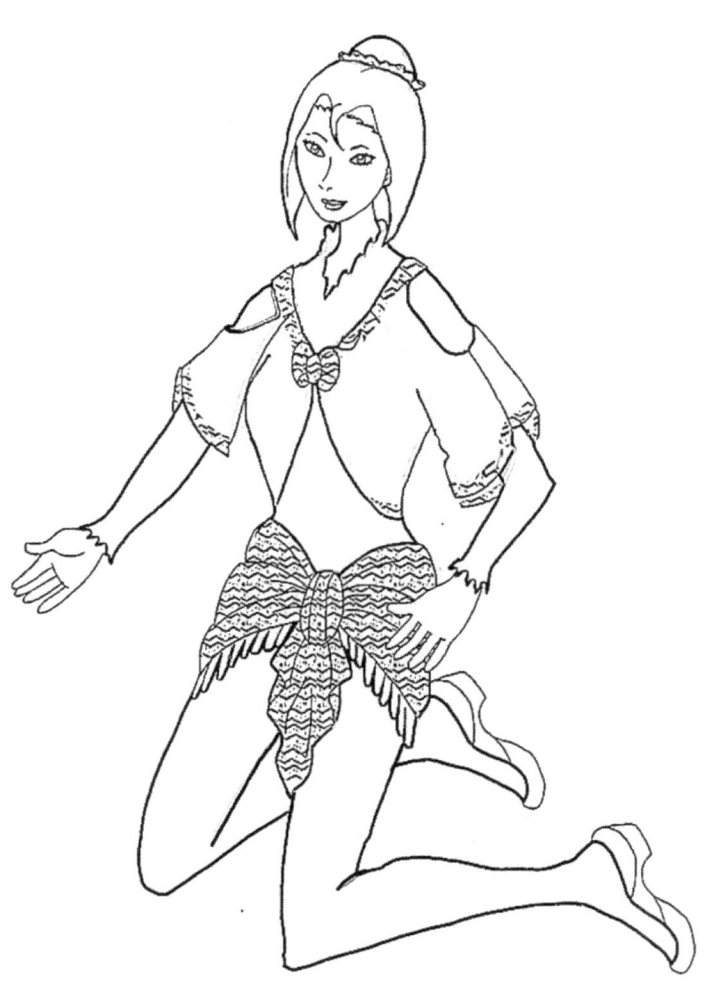

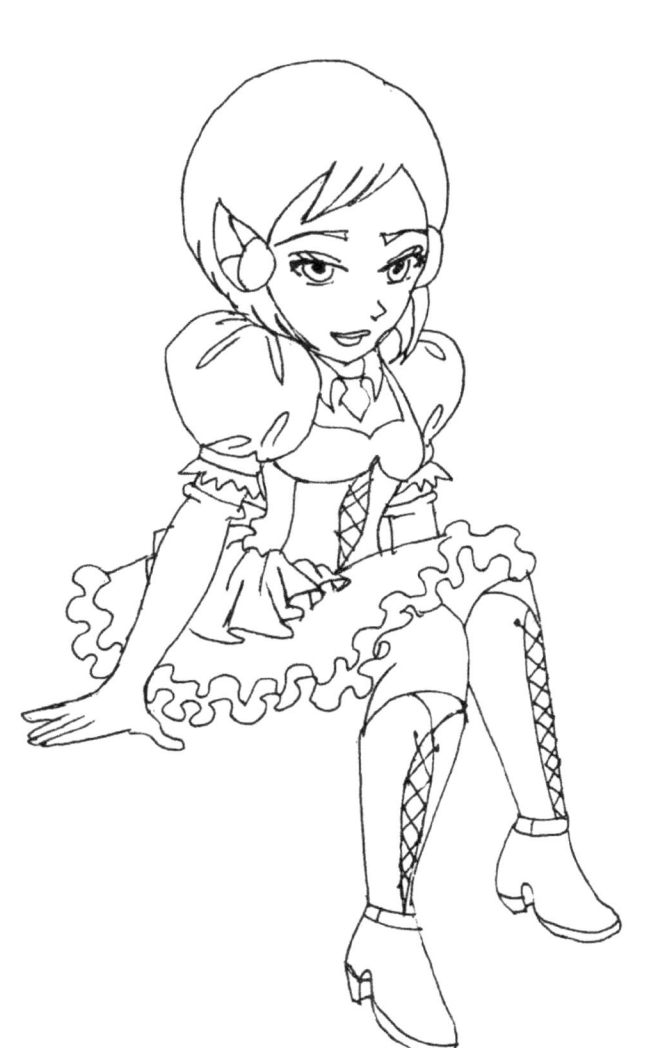

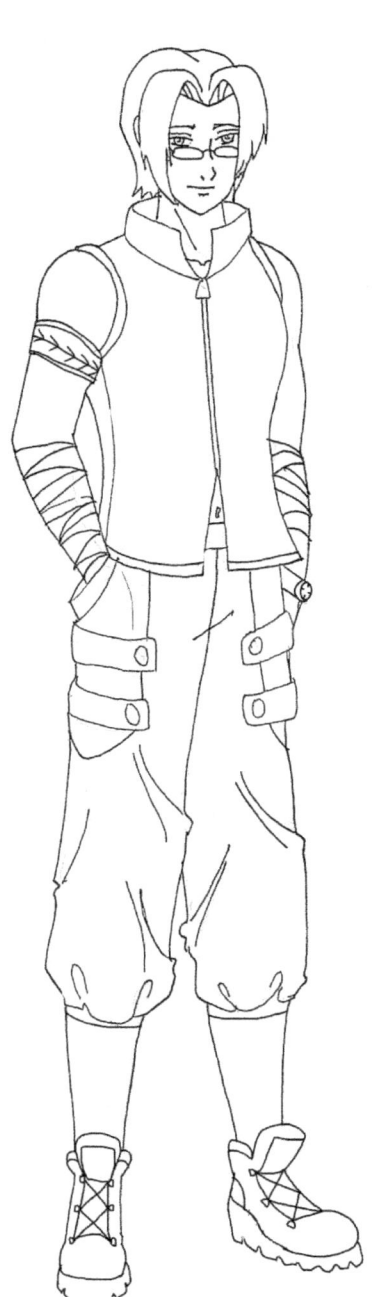

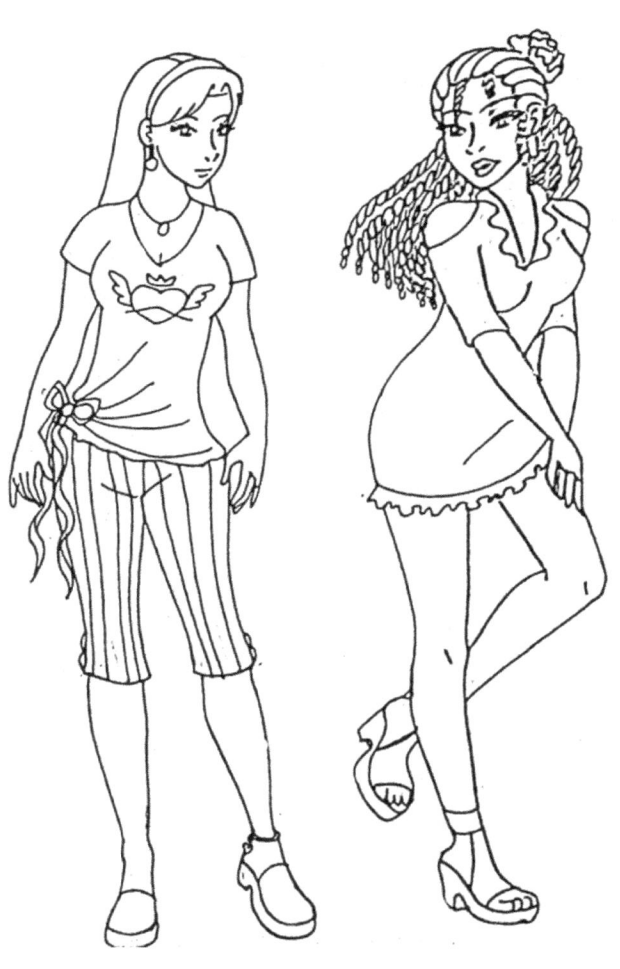

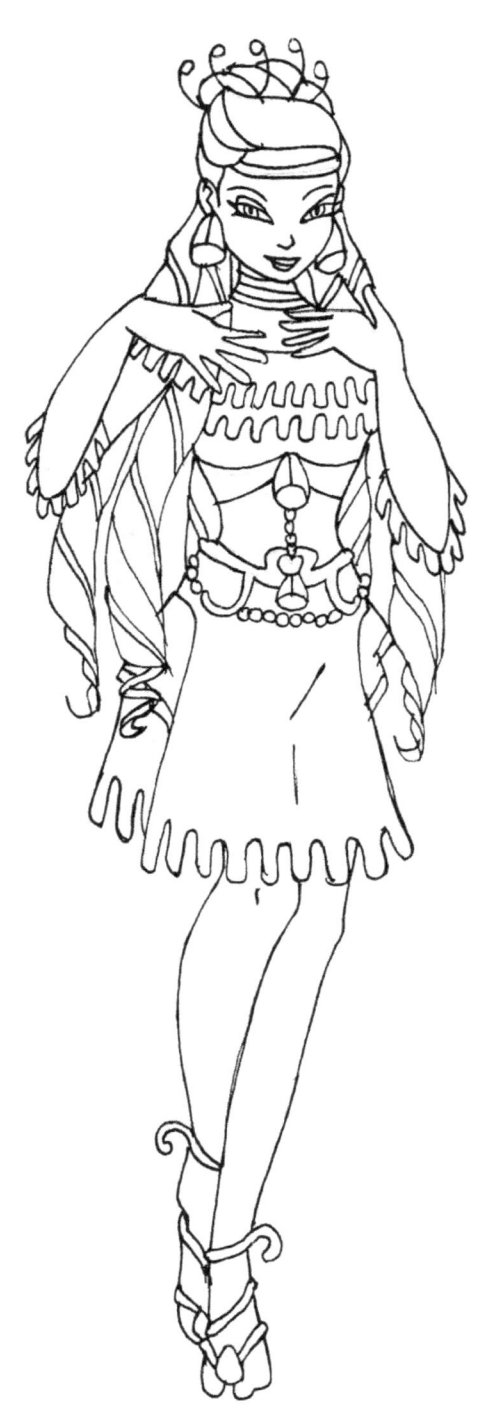

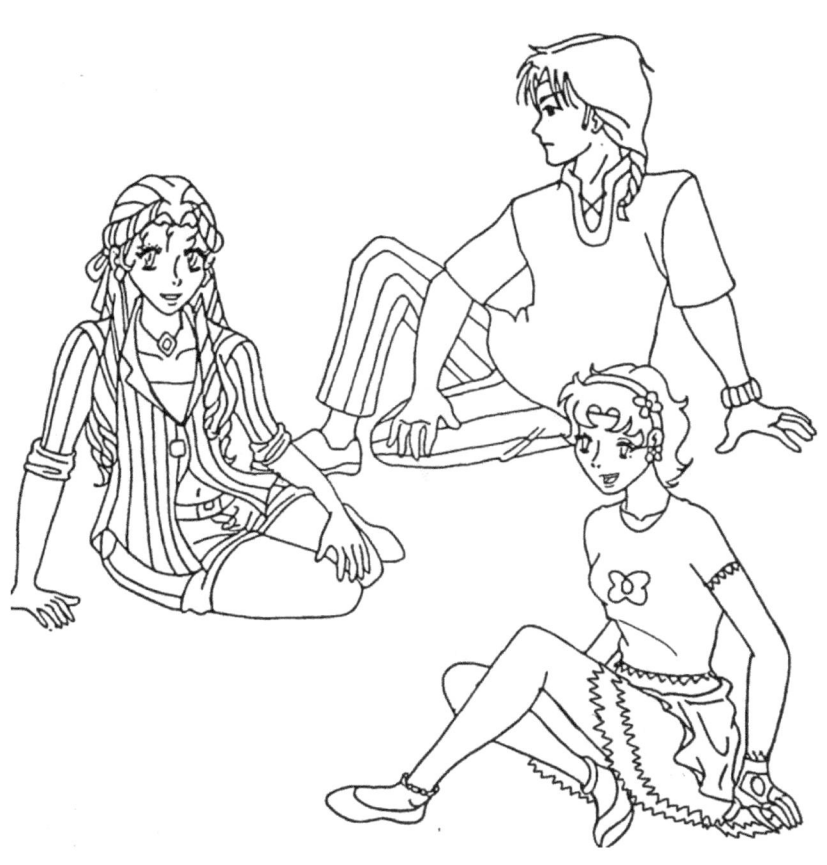

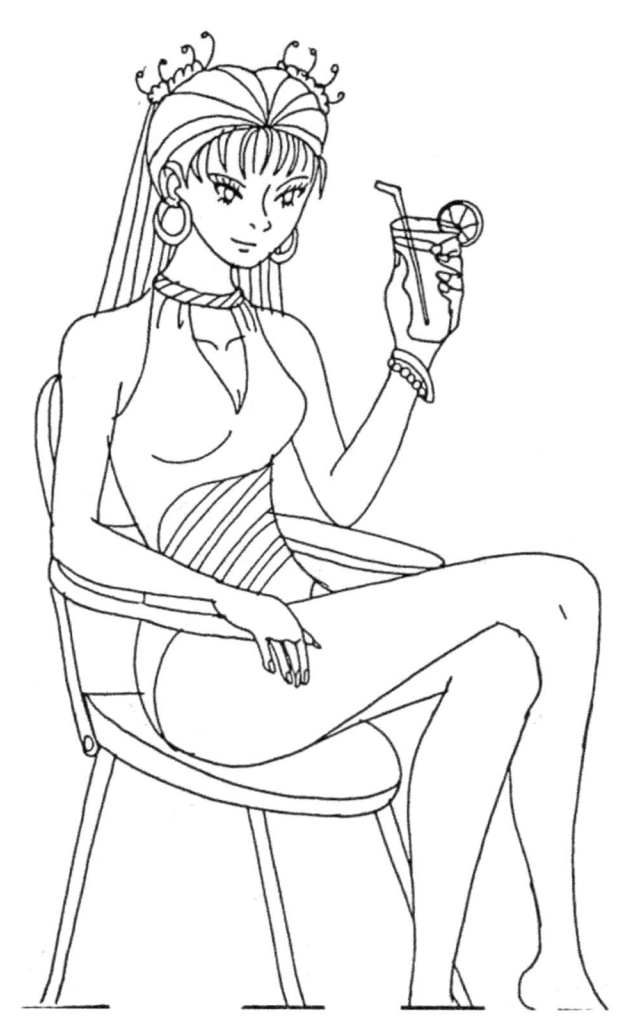

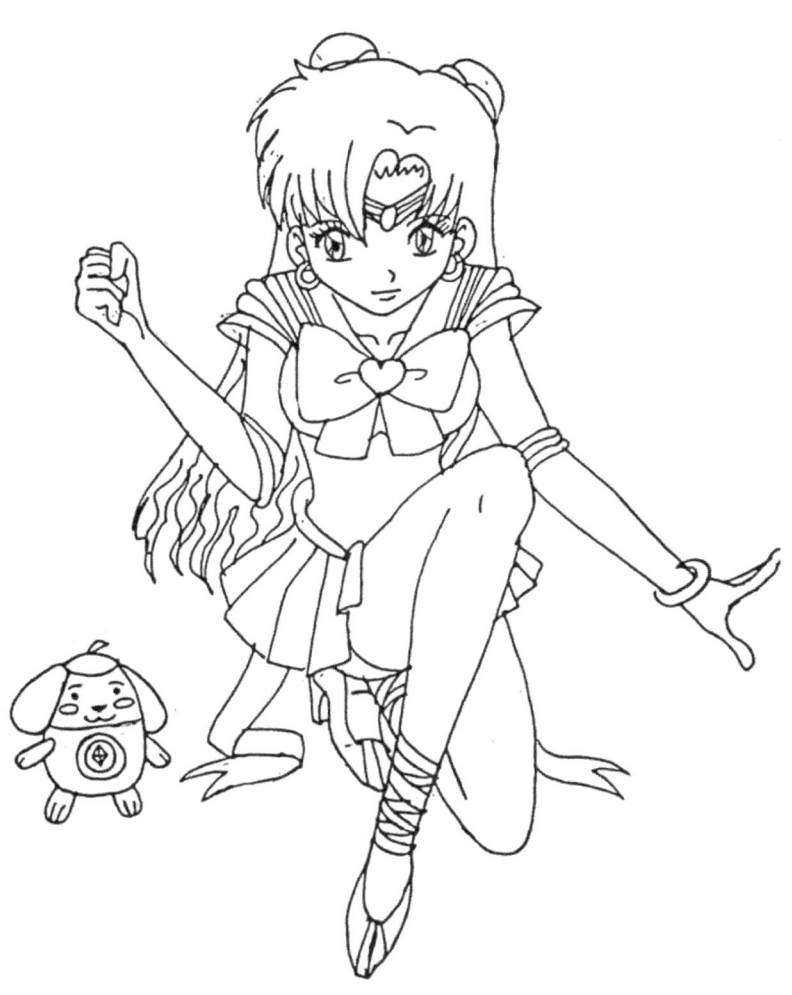

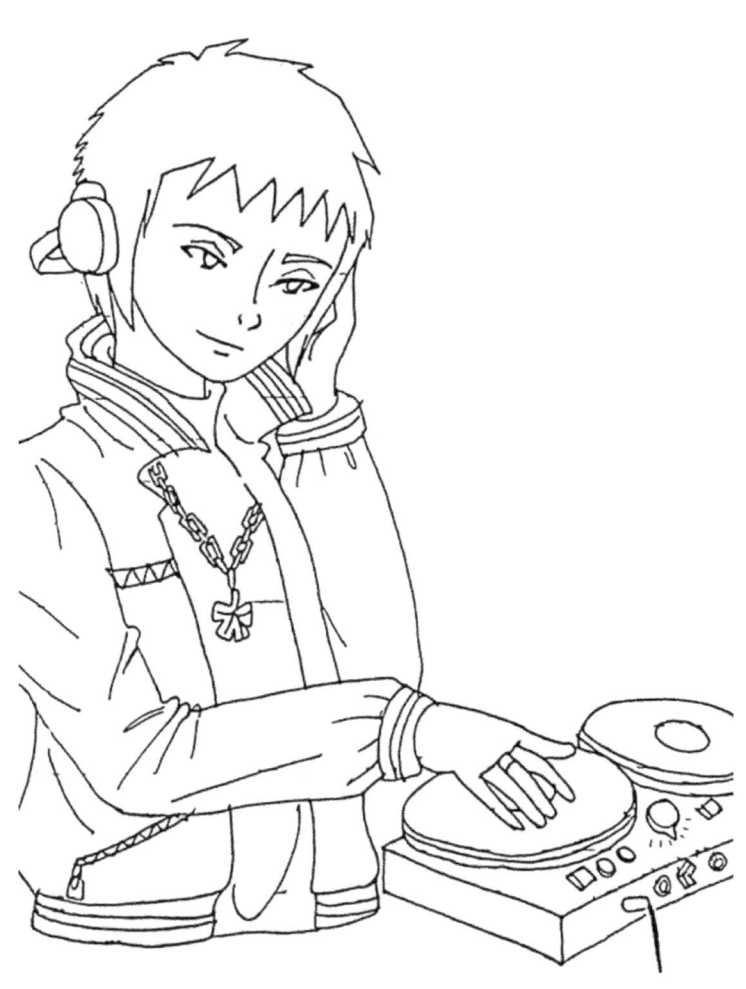

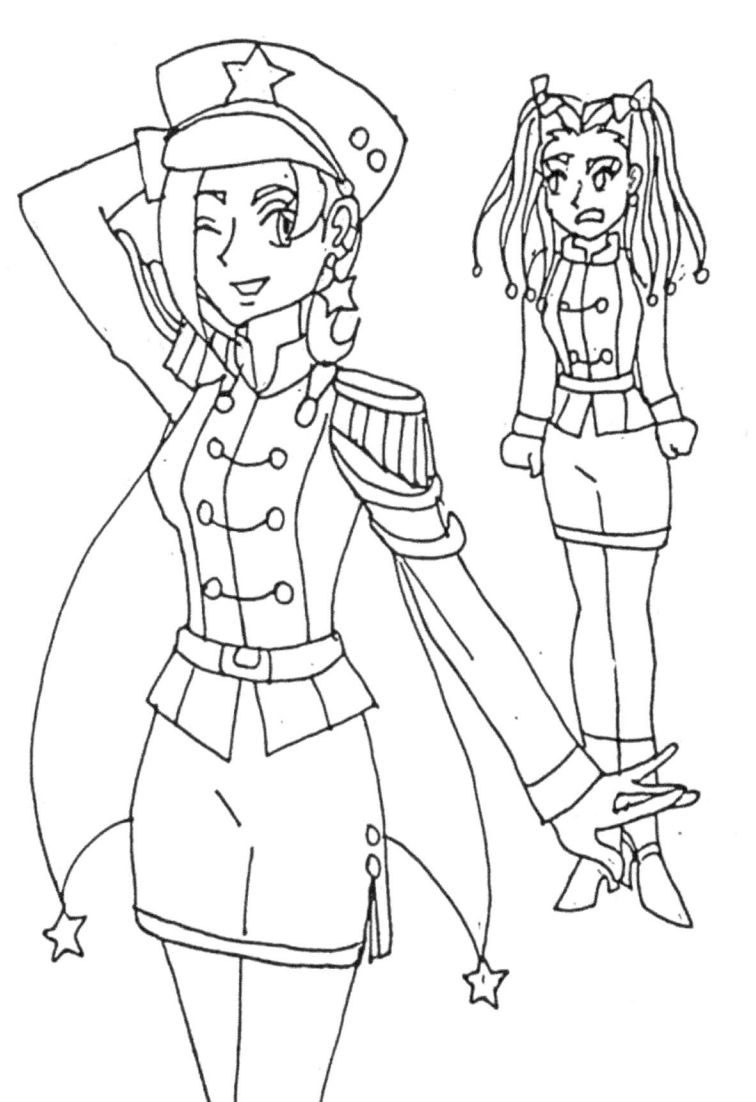

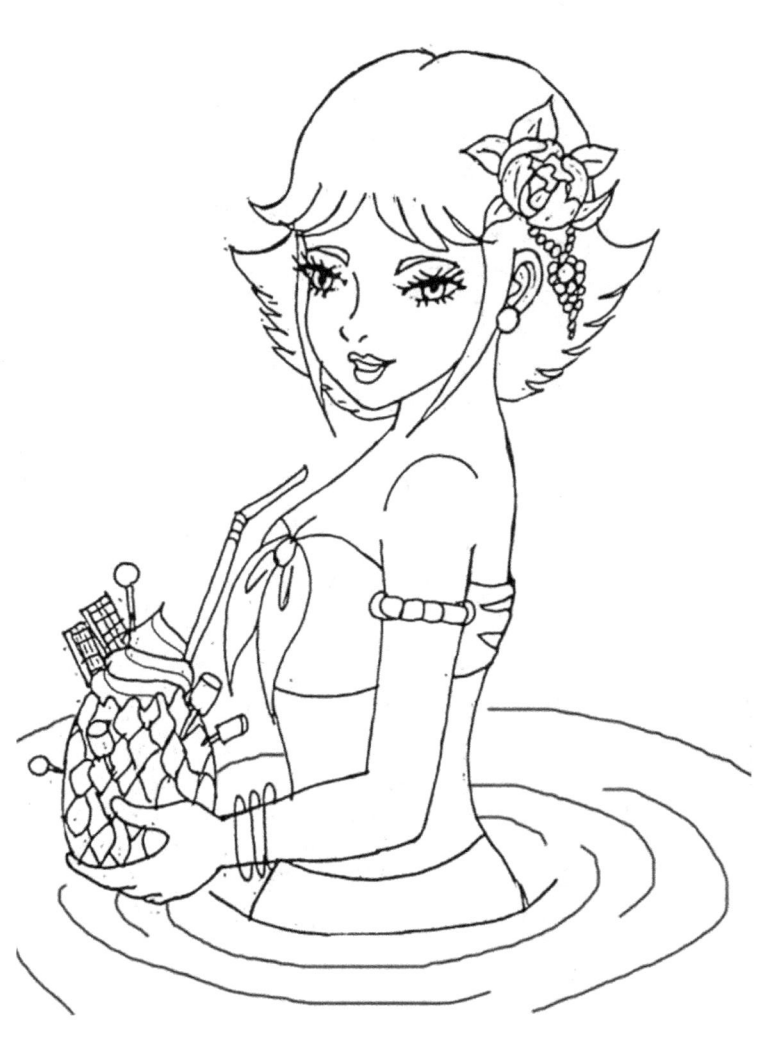

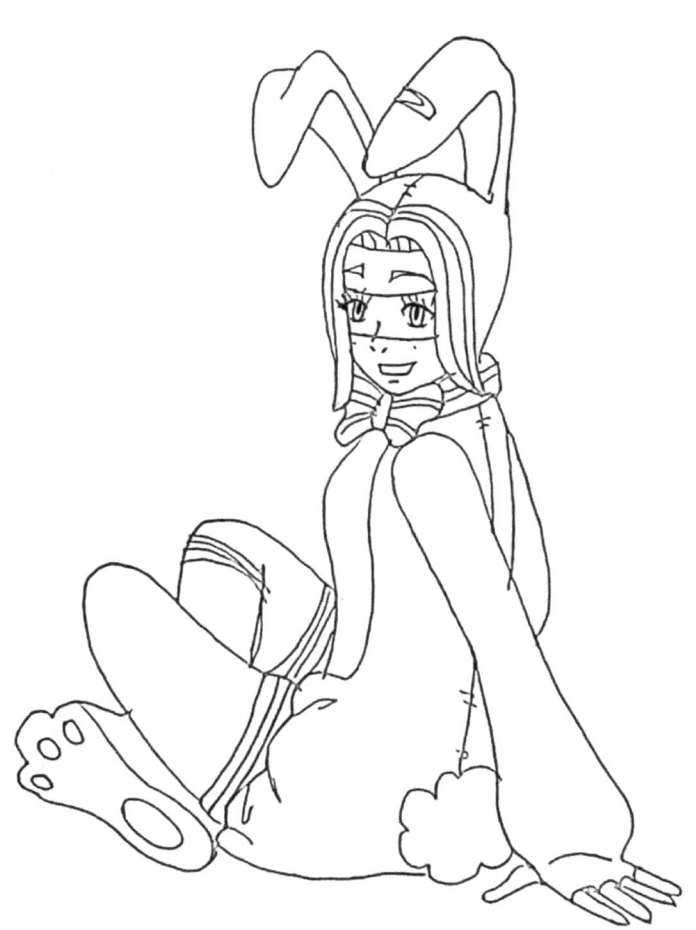

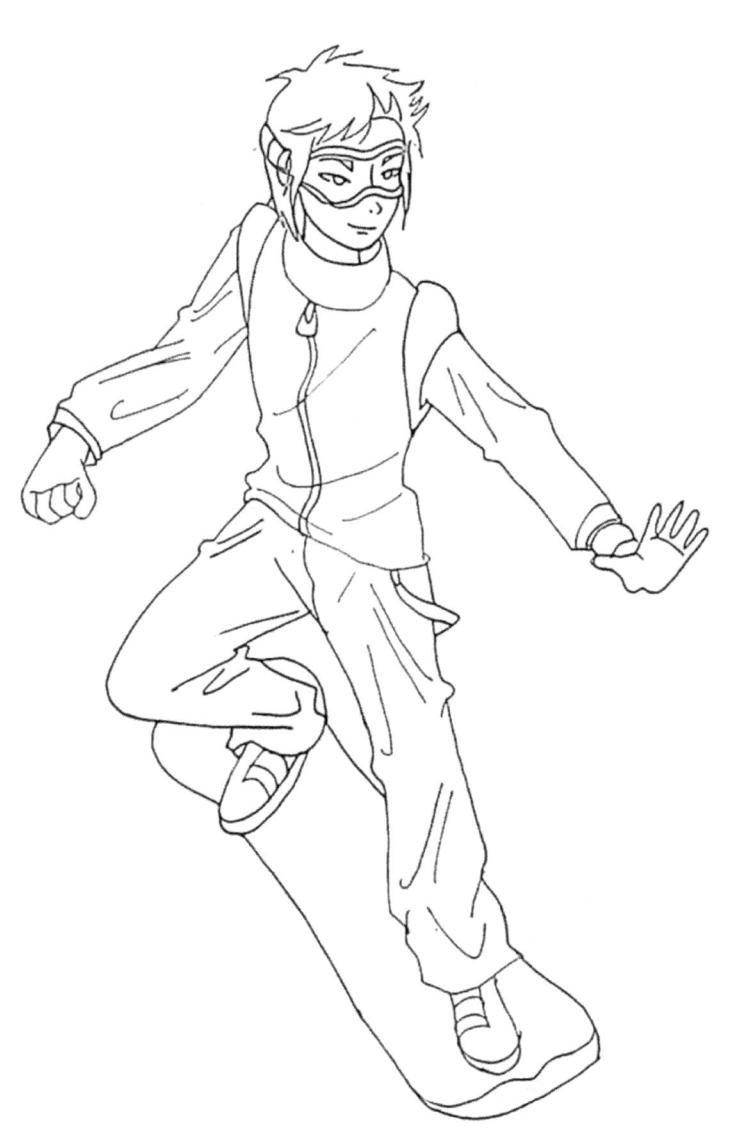

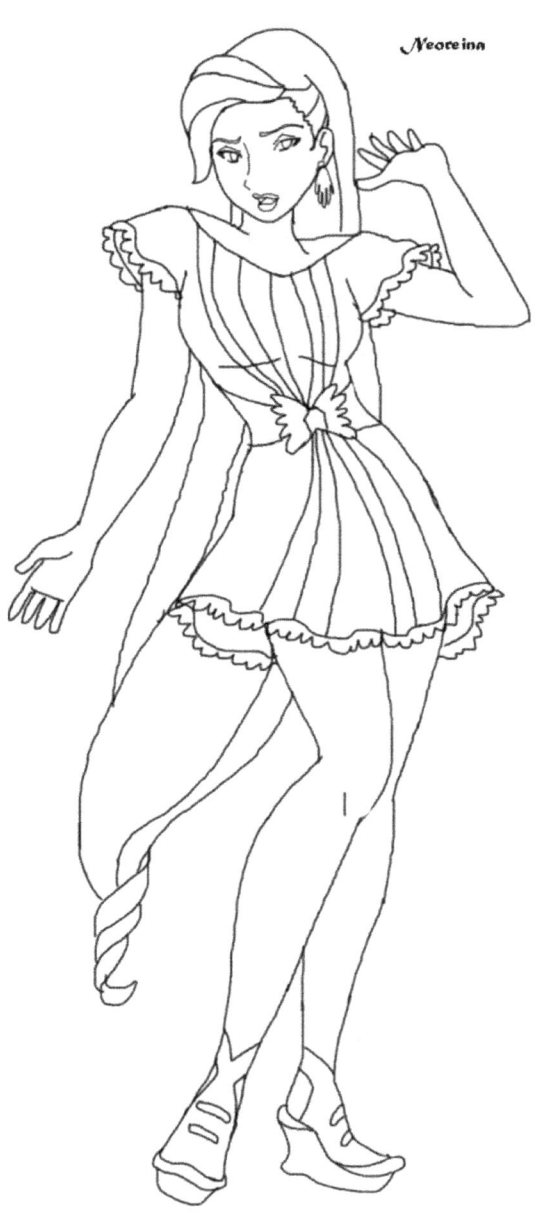

Neoreina

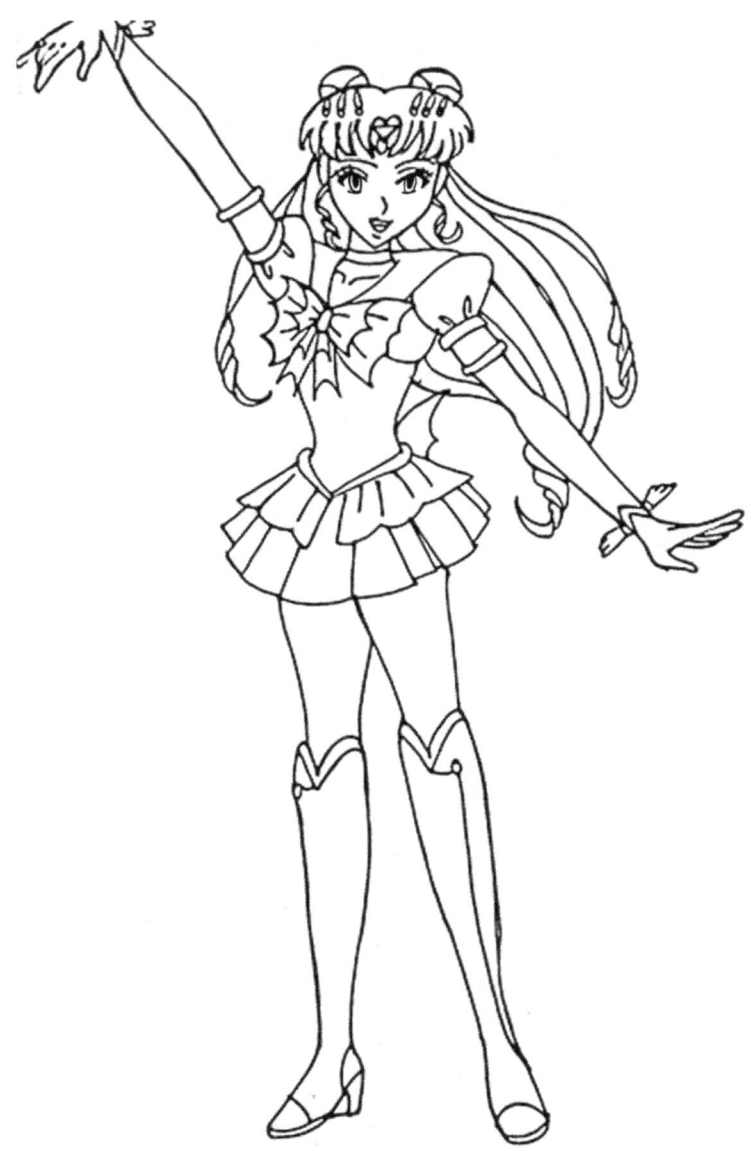

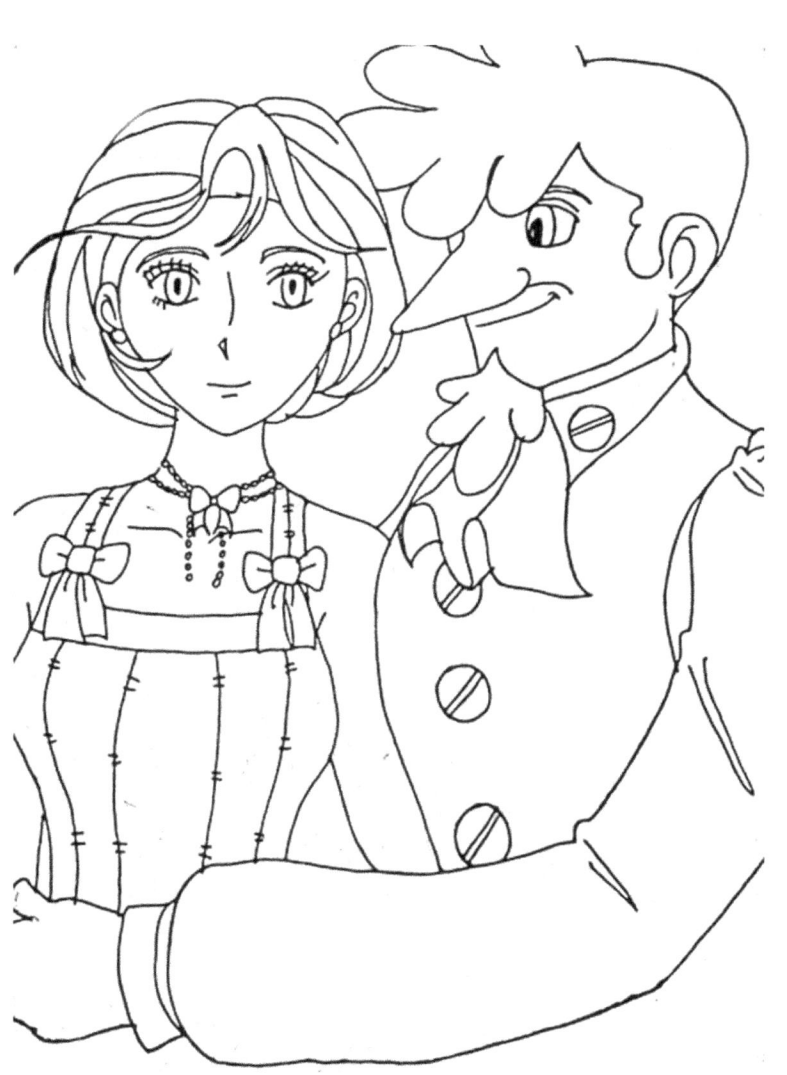

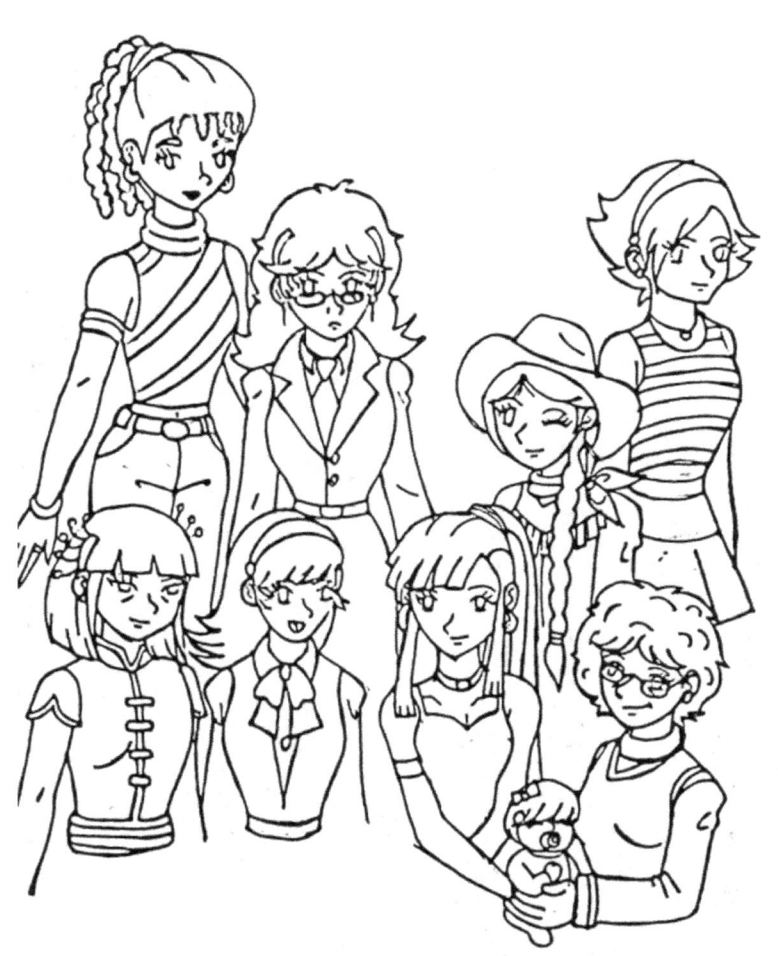

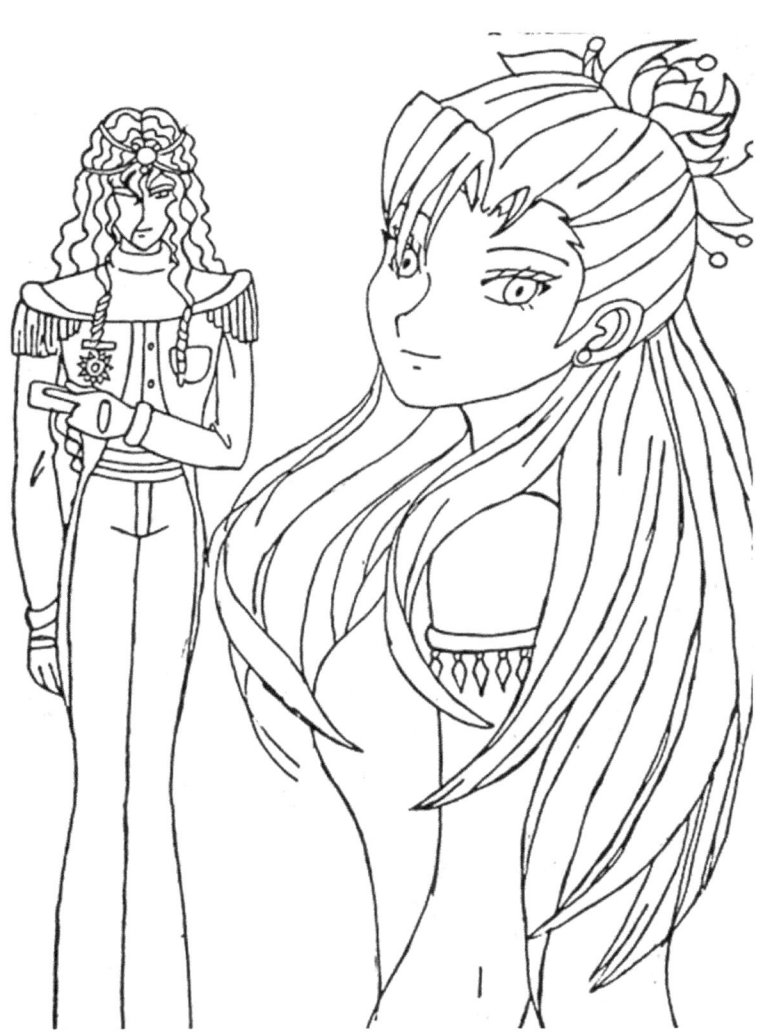

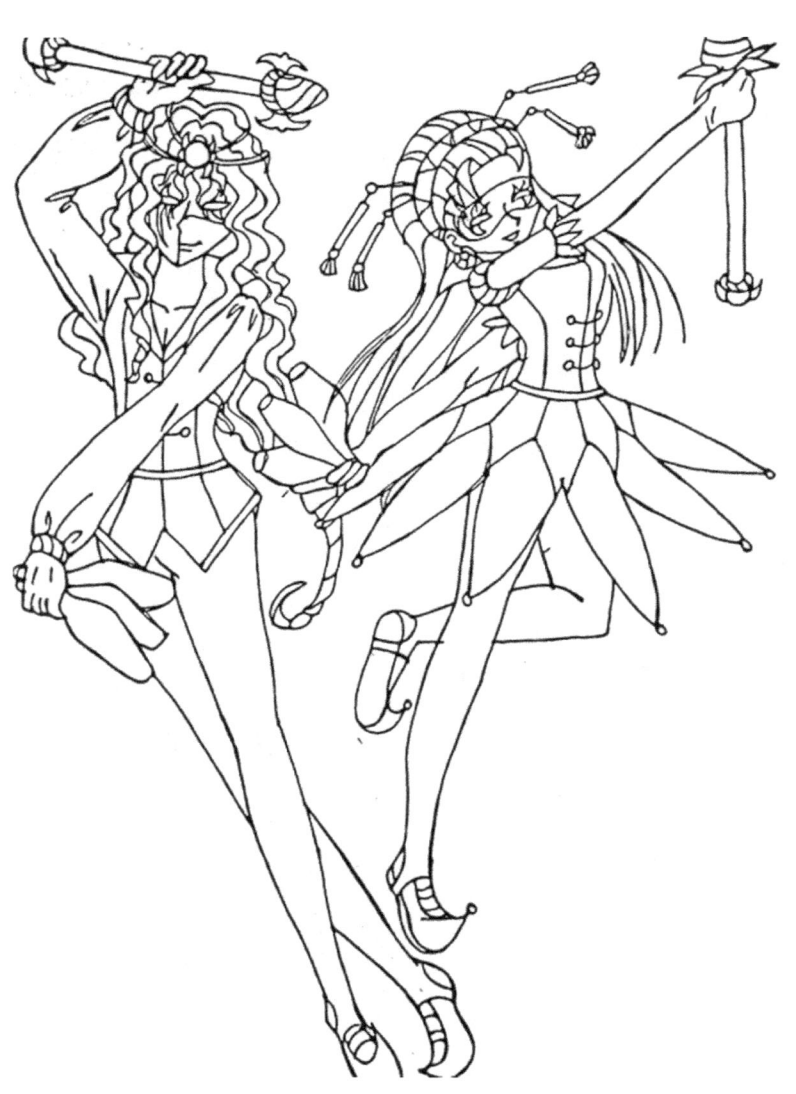

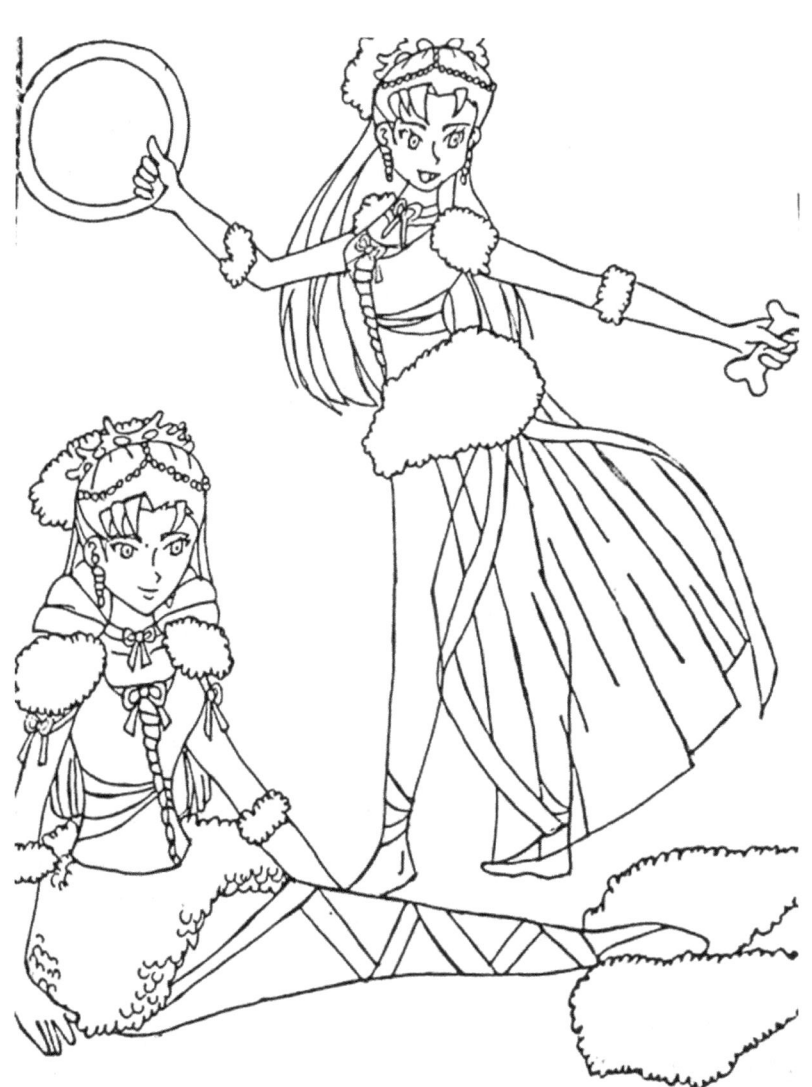

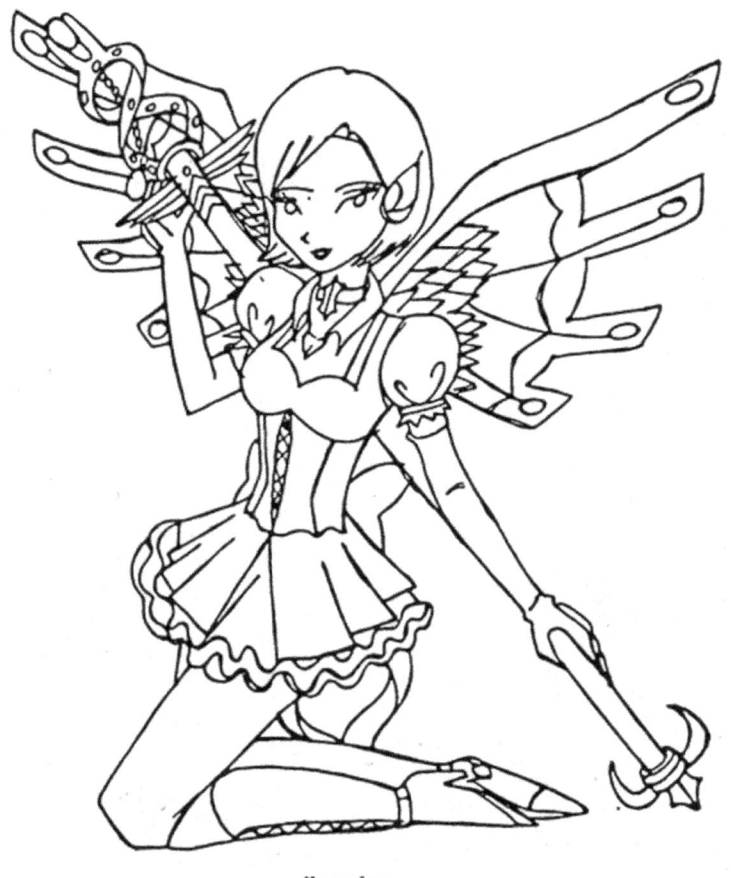

Neoreina

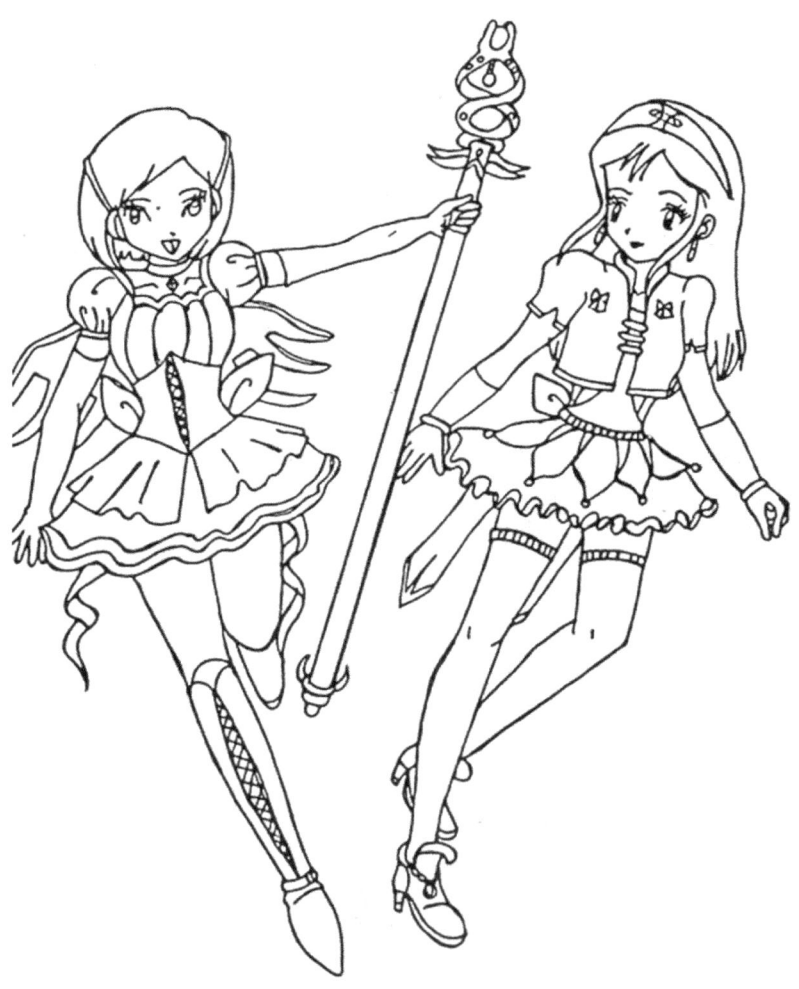

Neoreina & Yohari

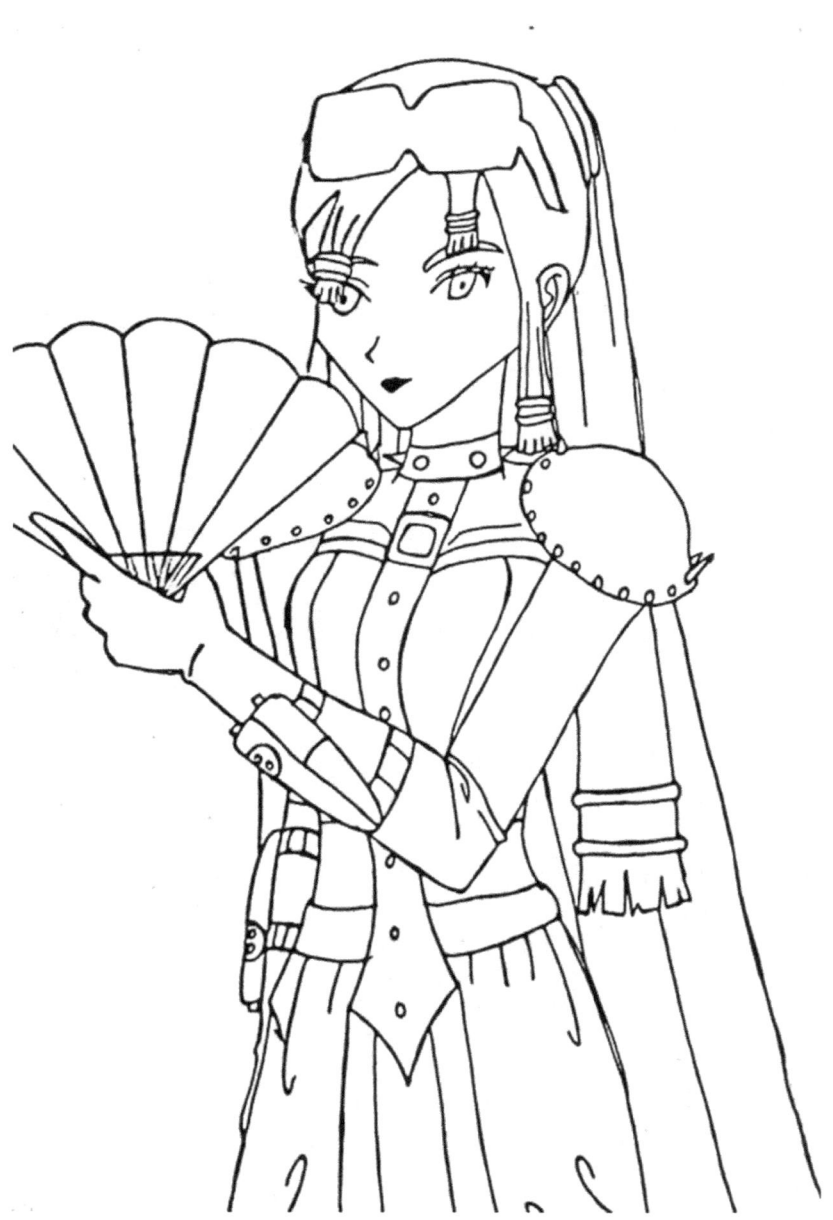

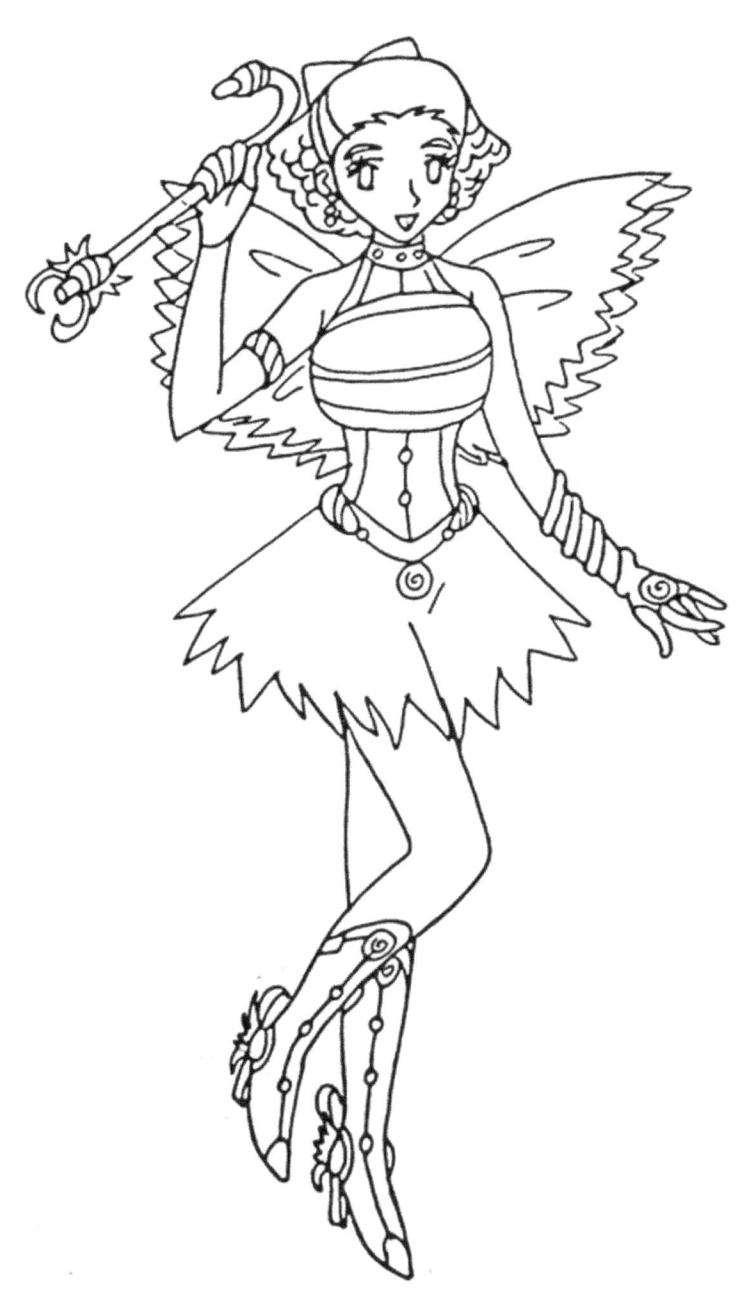

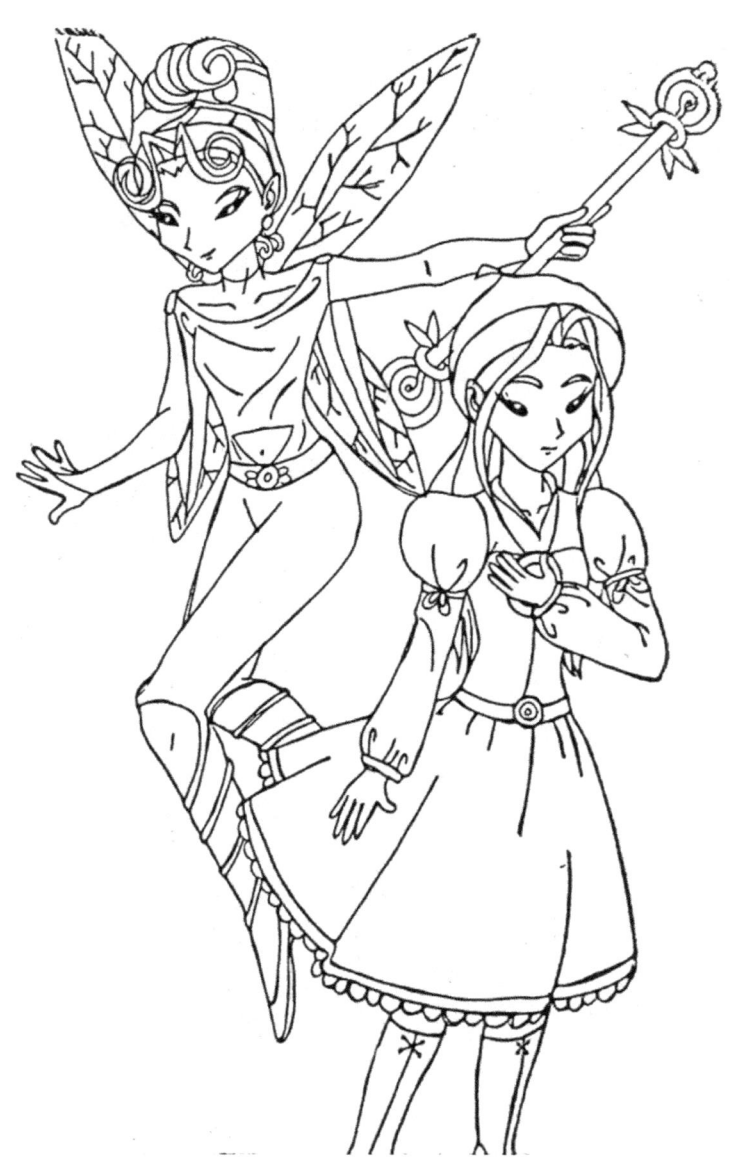

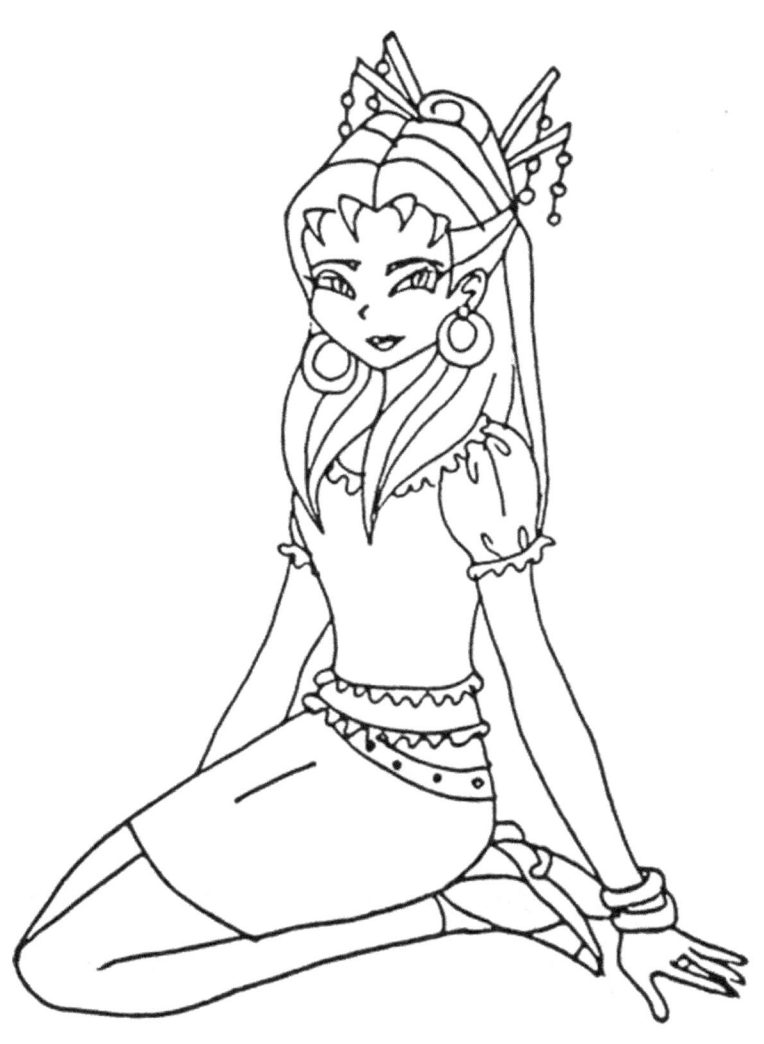

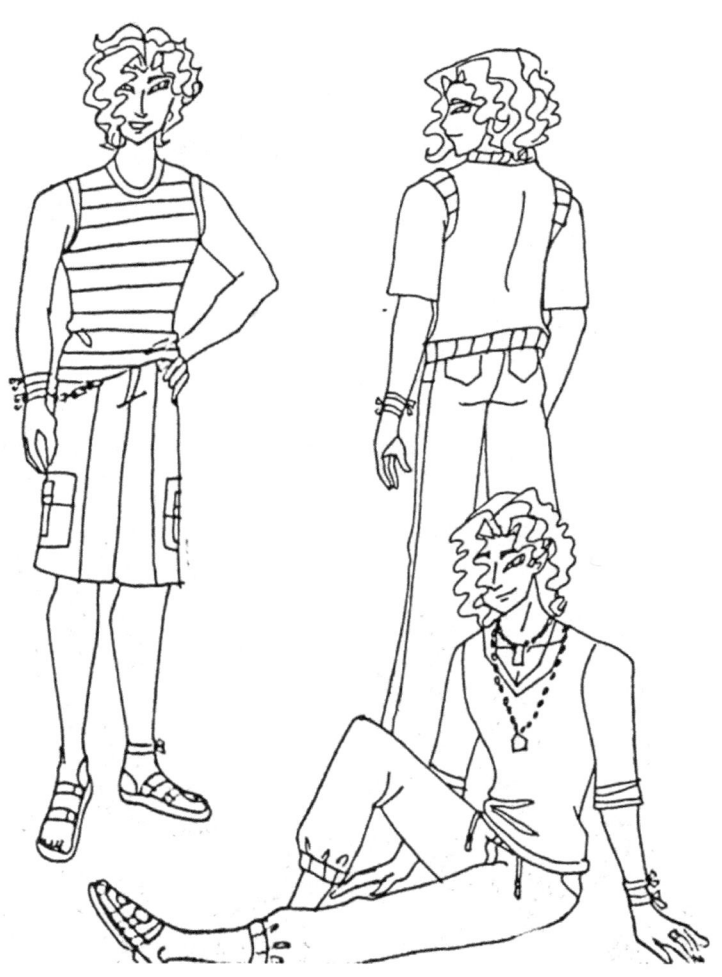

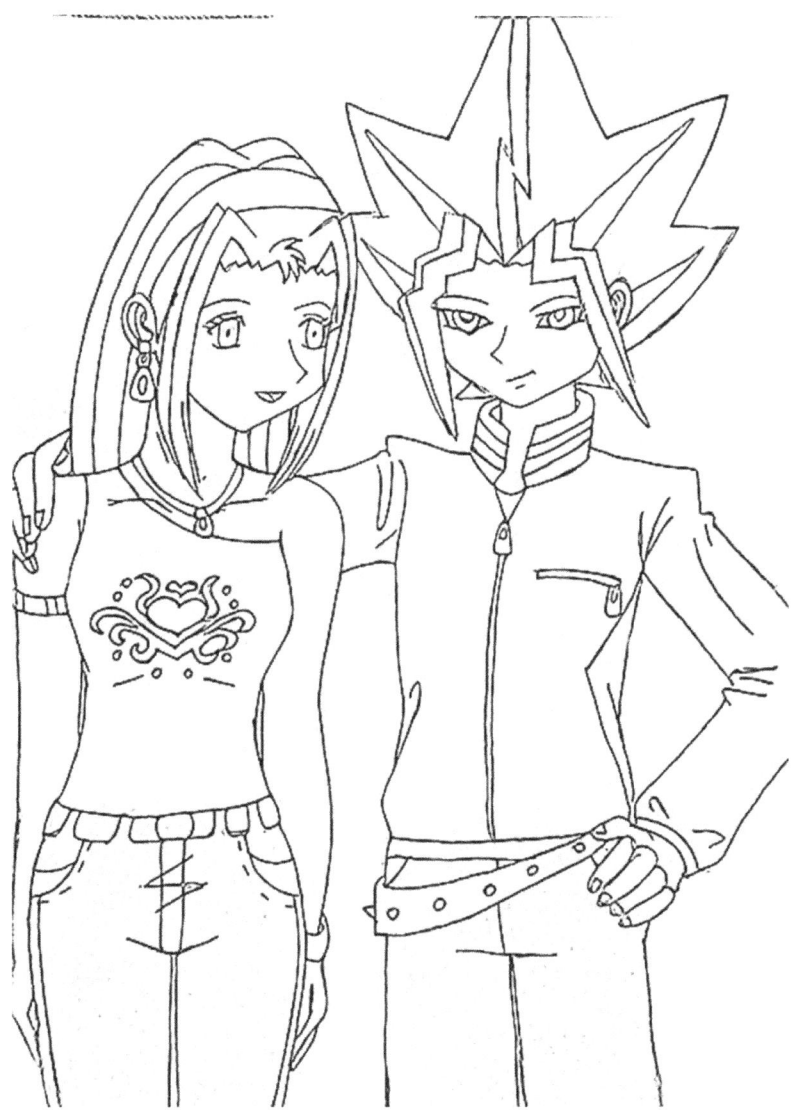

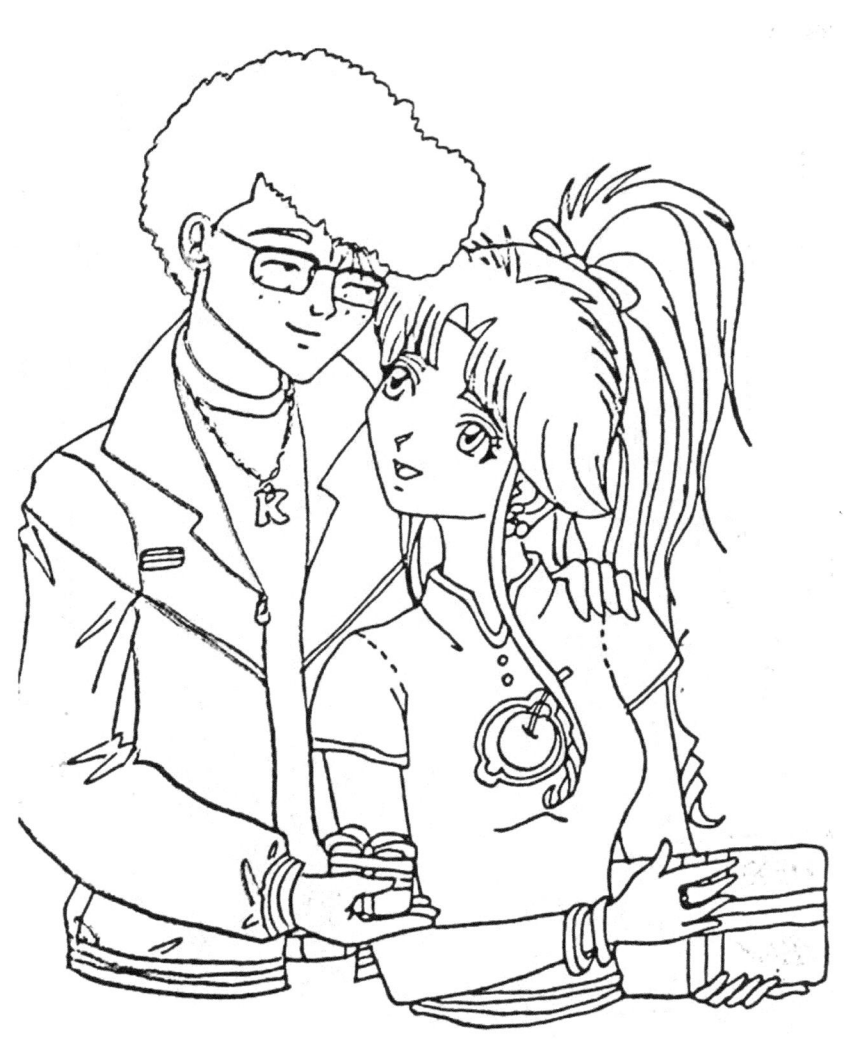

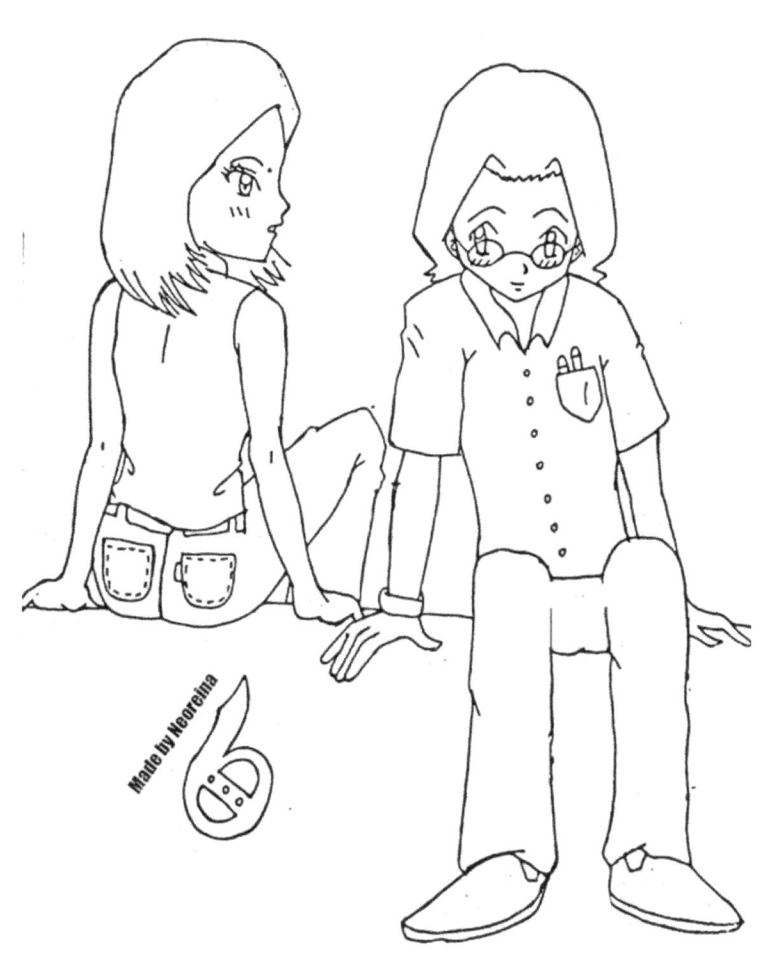

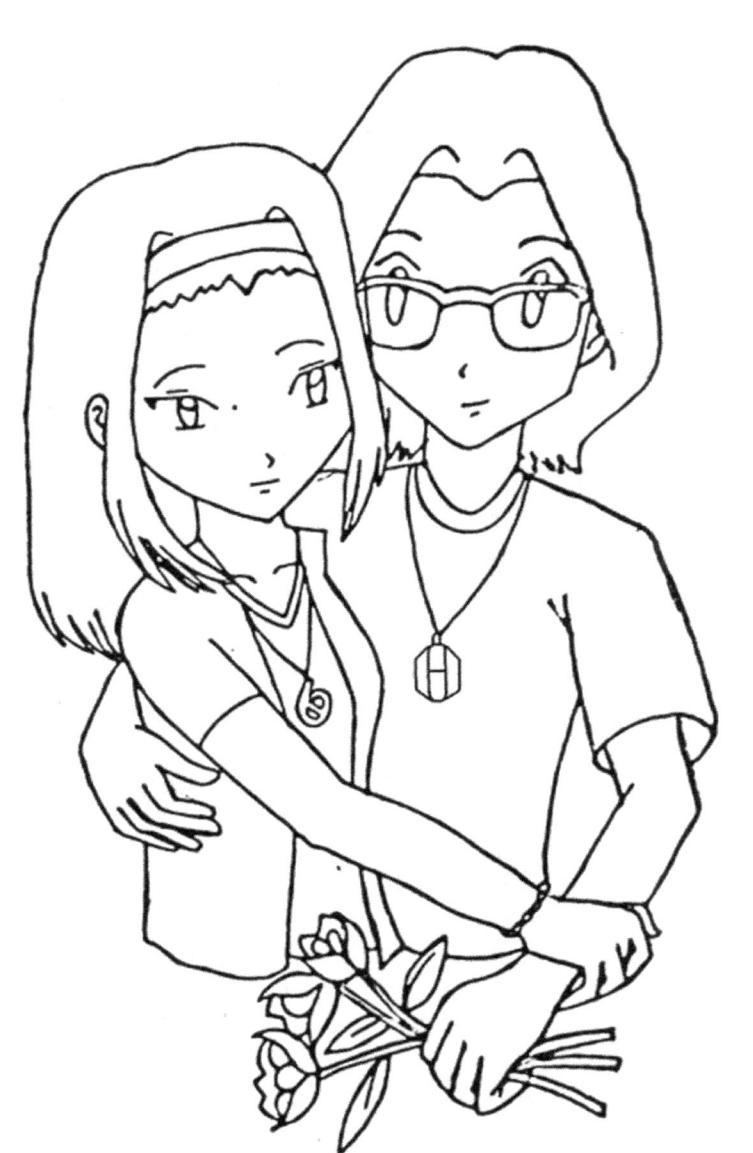

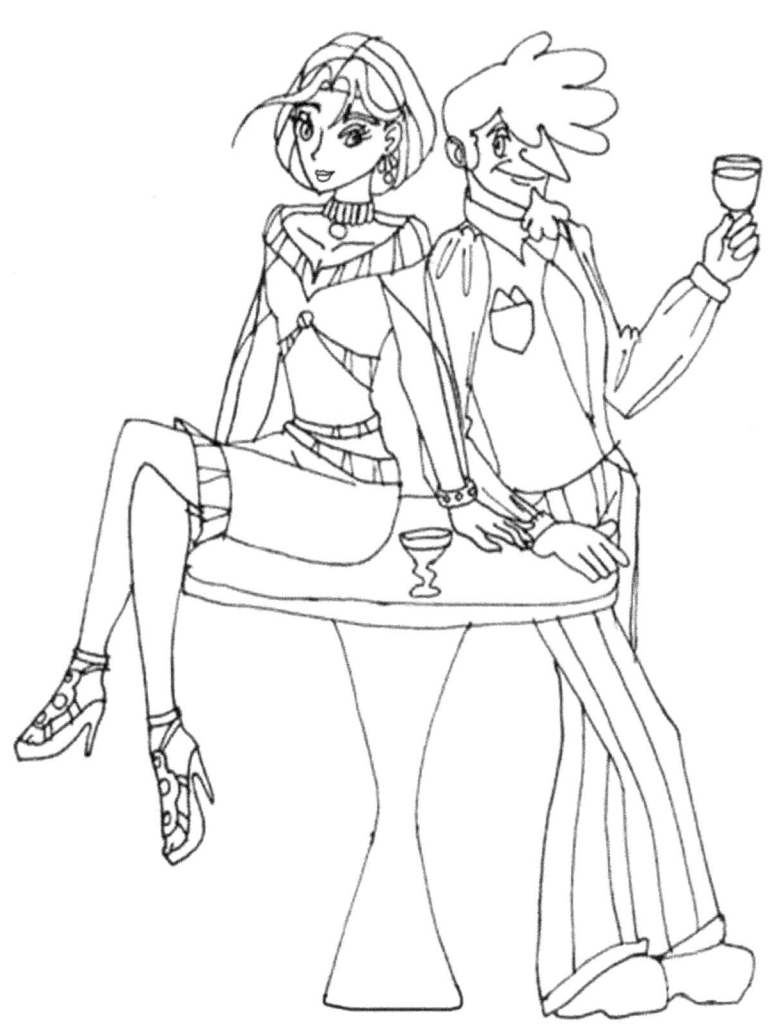

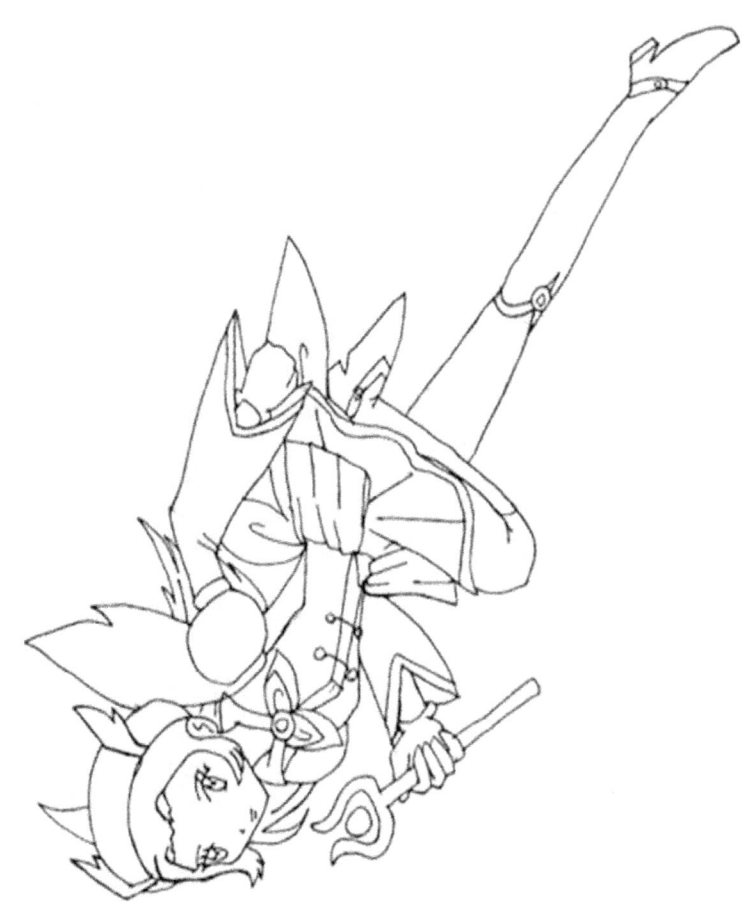

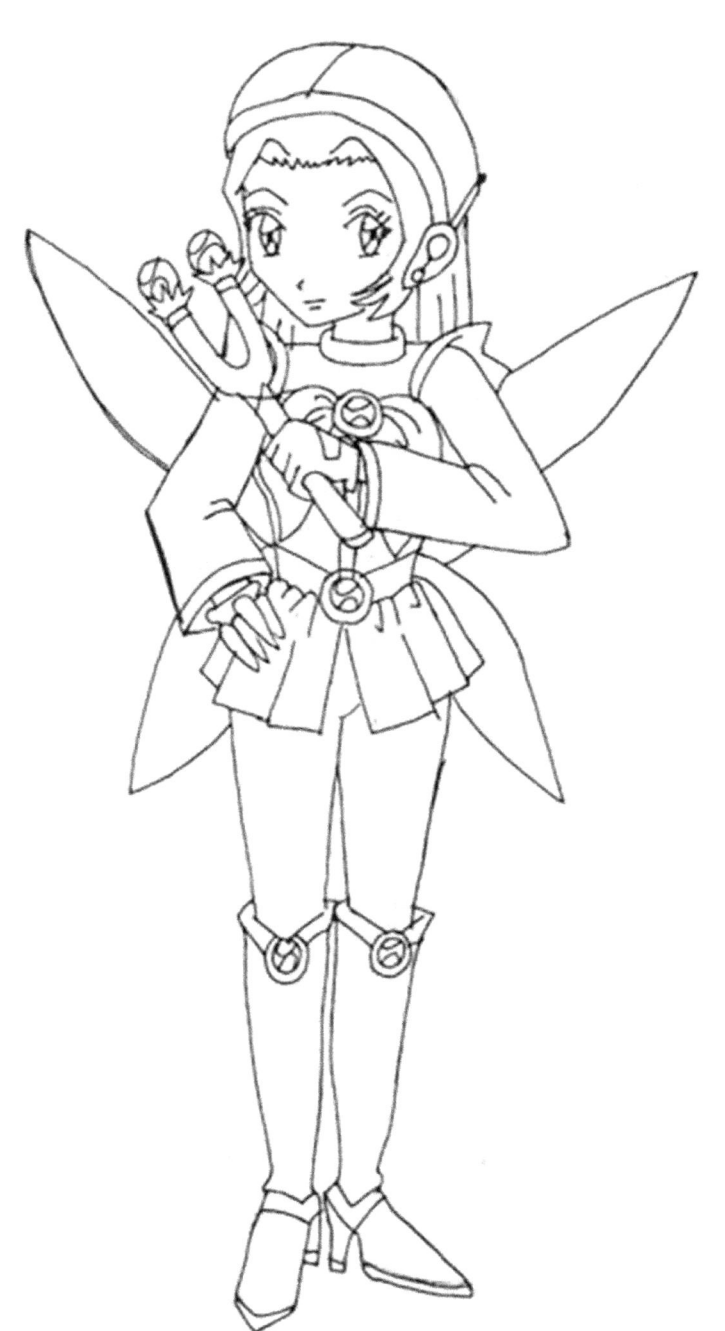

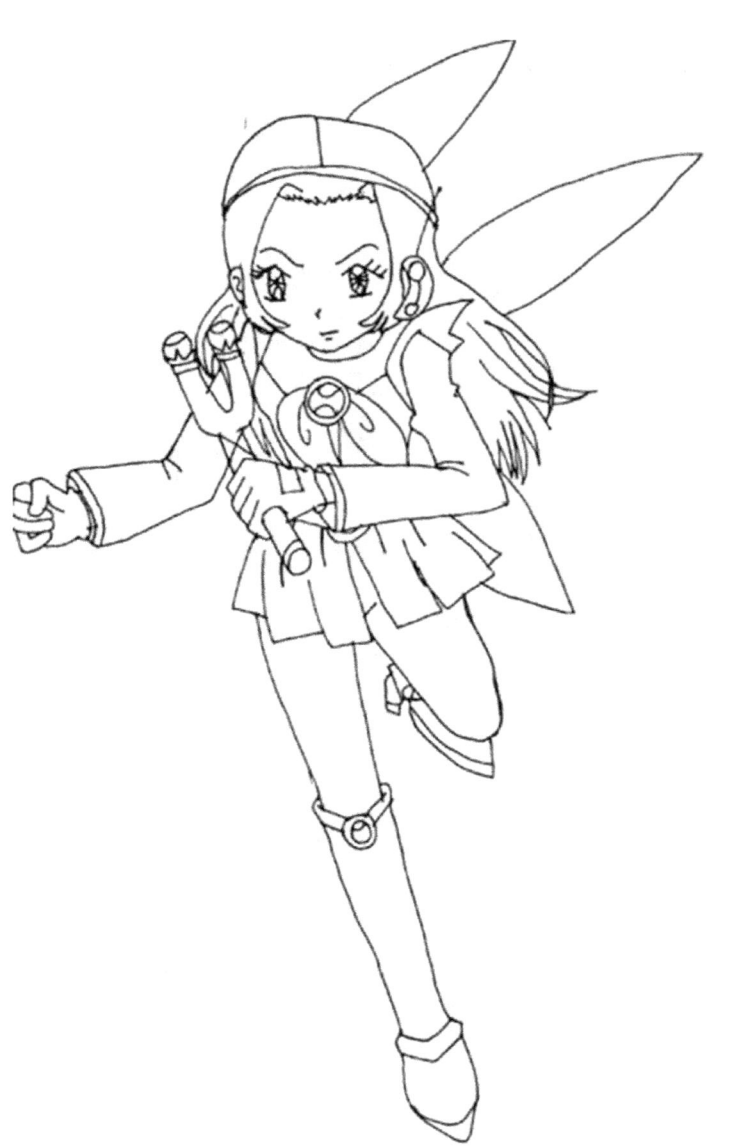

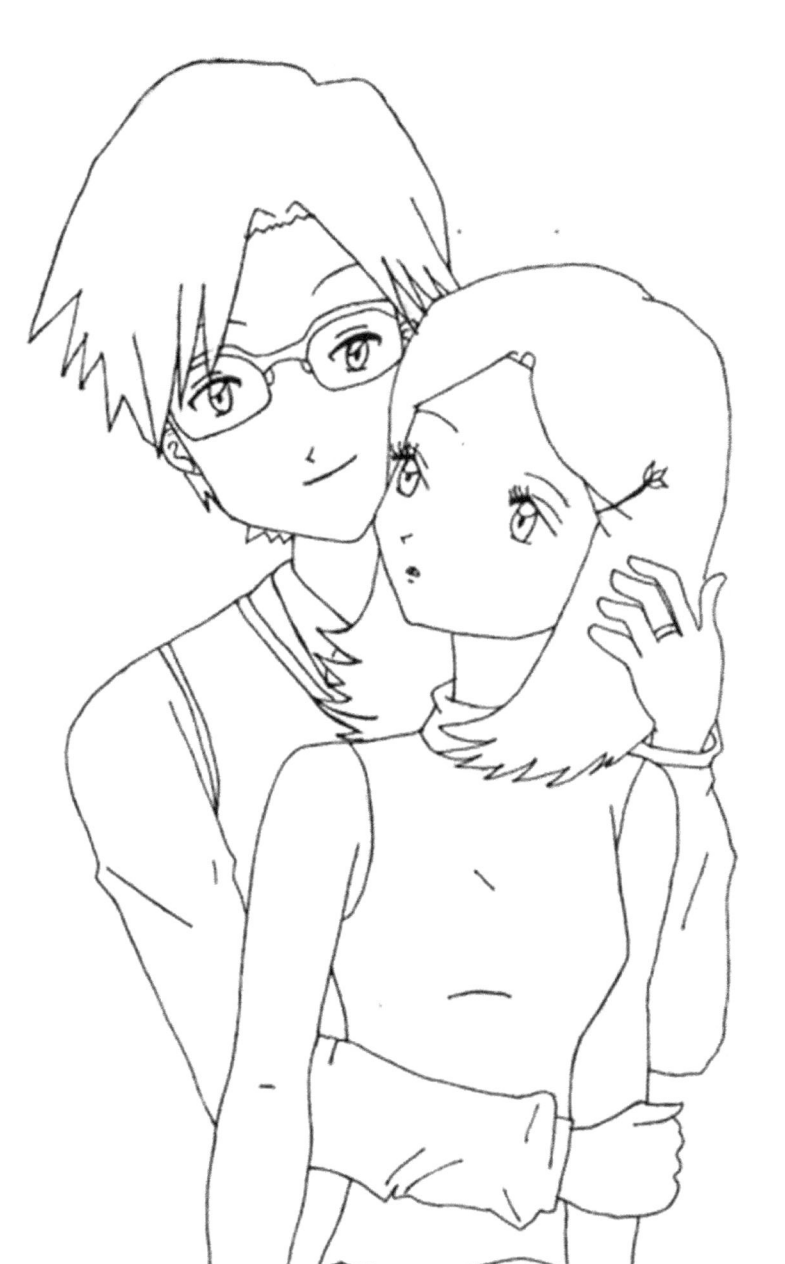

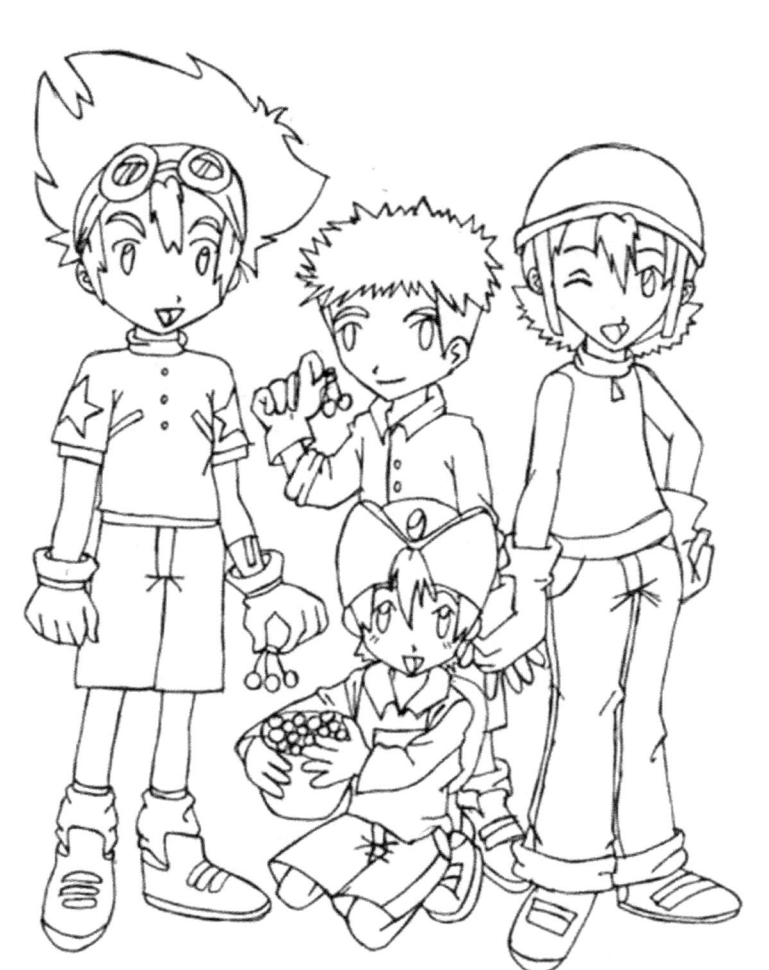

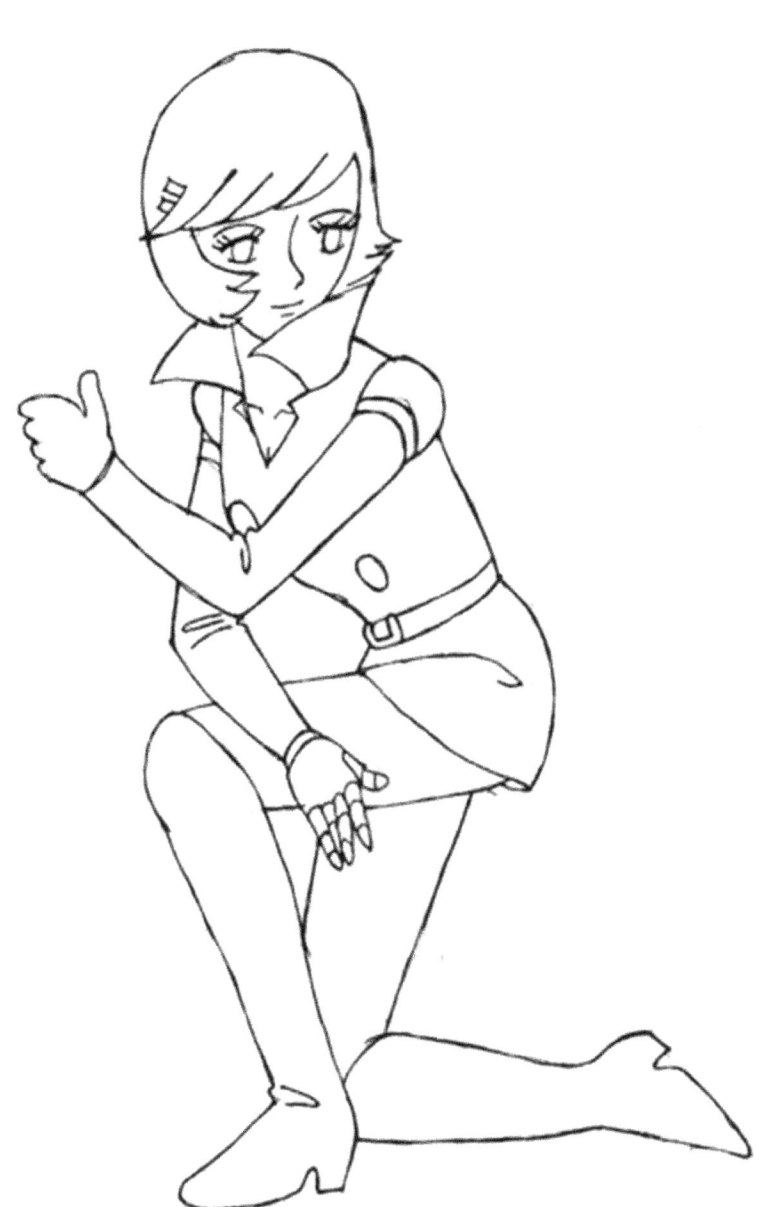

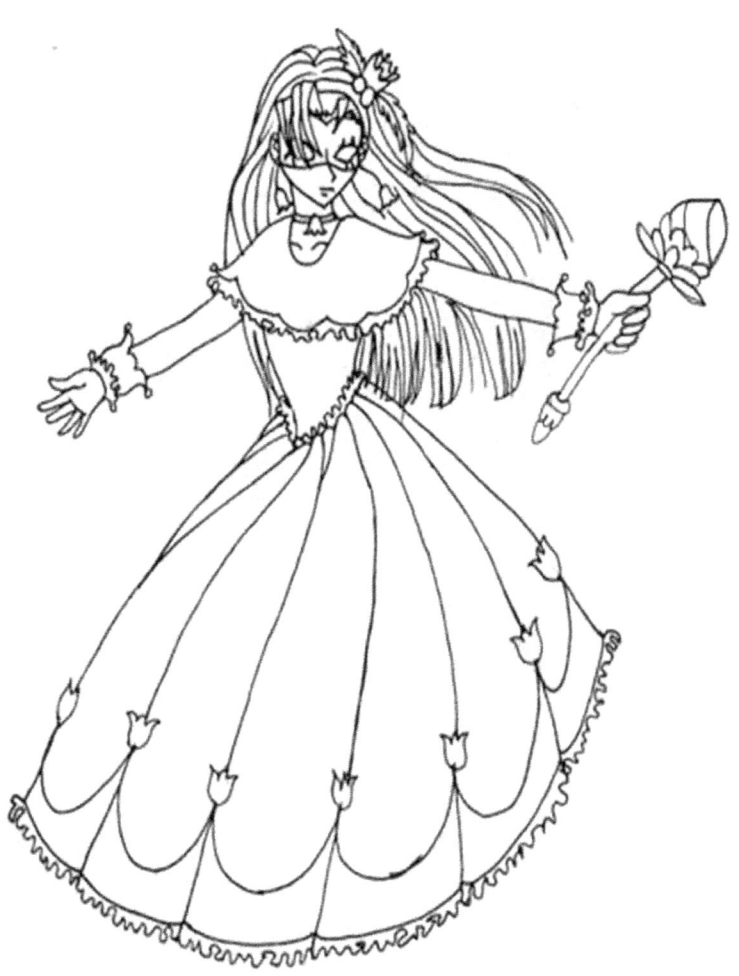

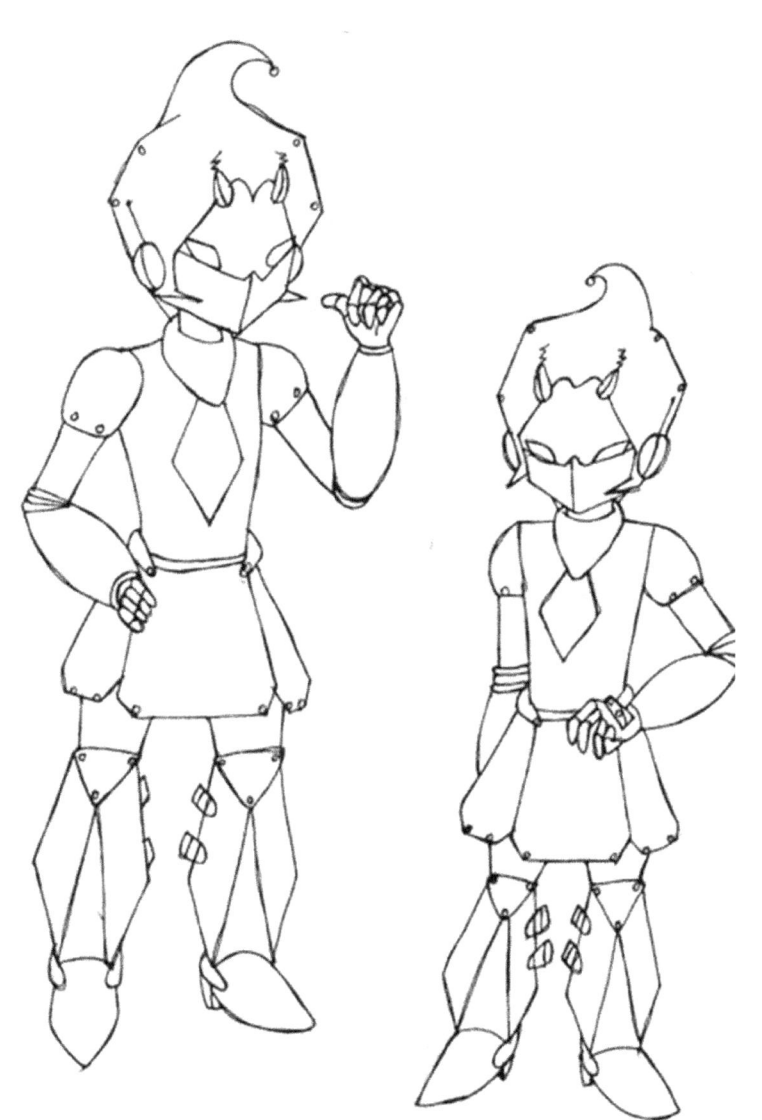

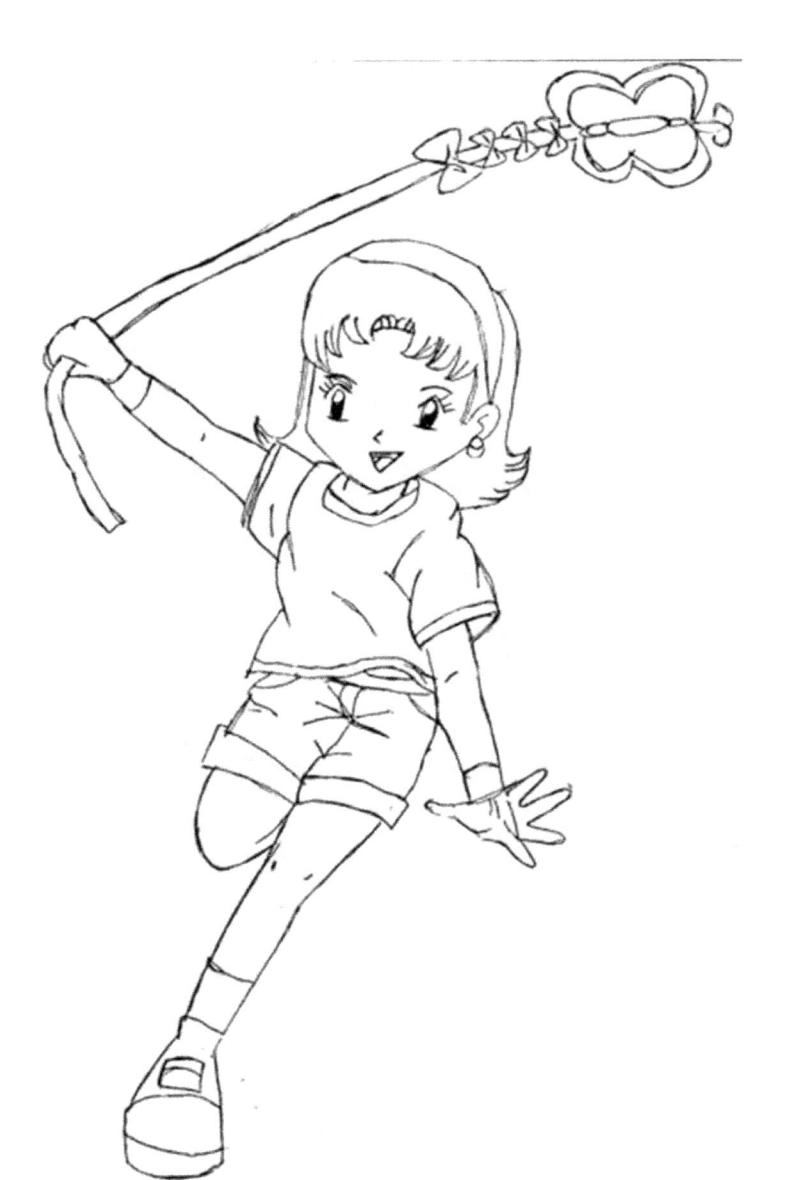

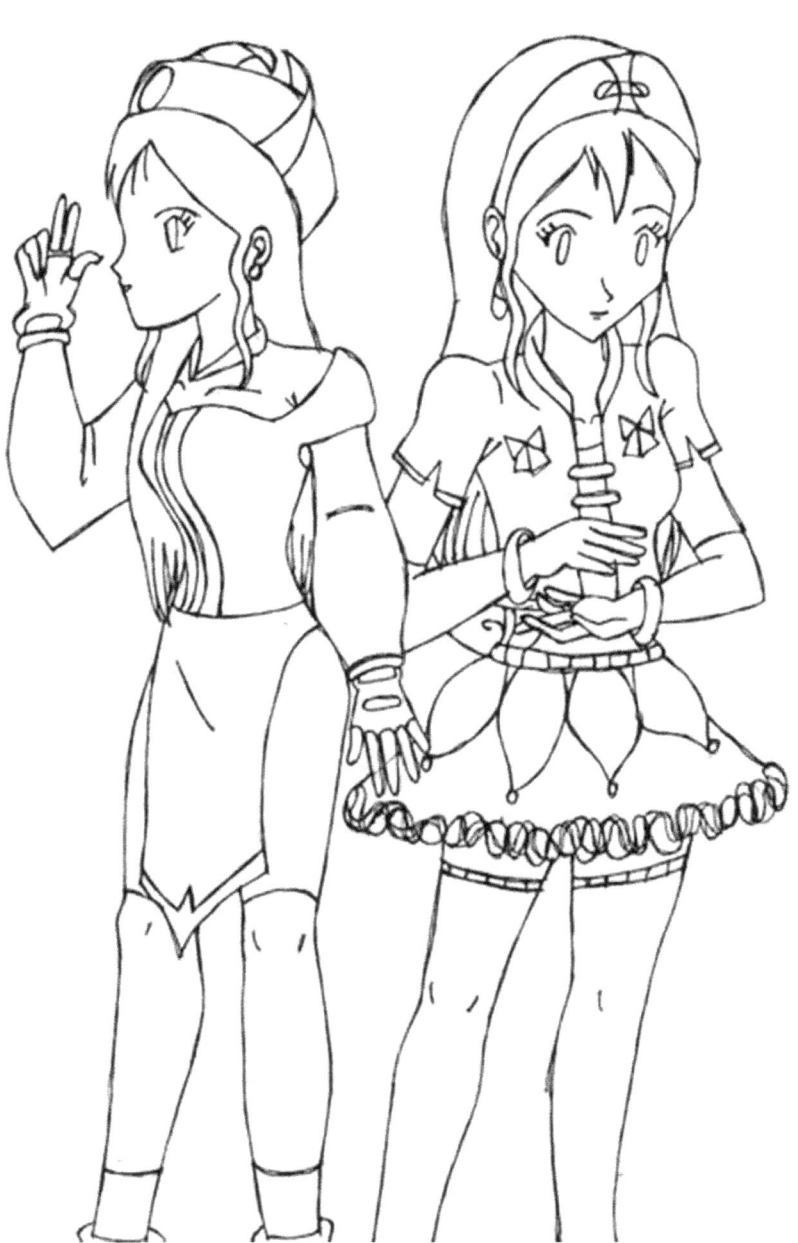

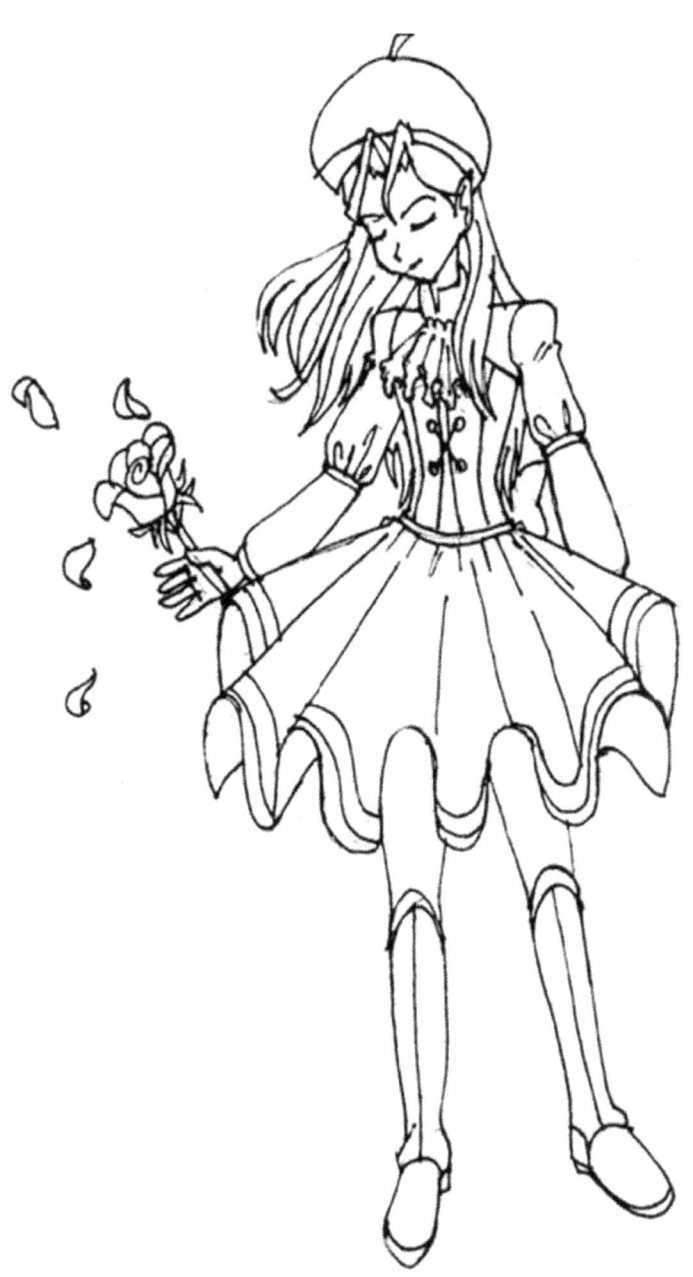

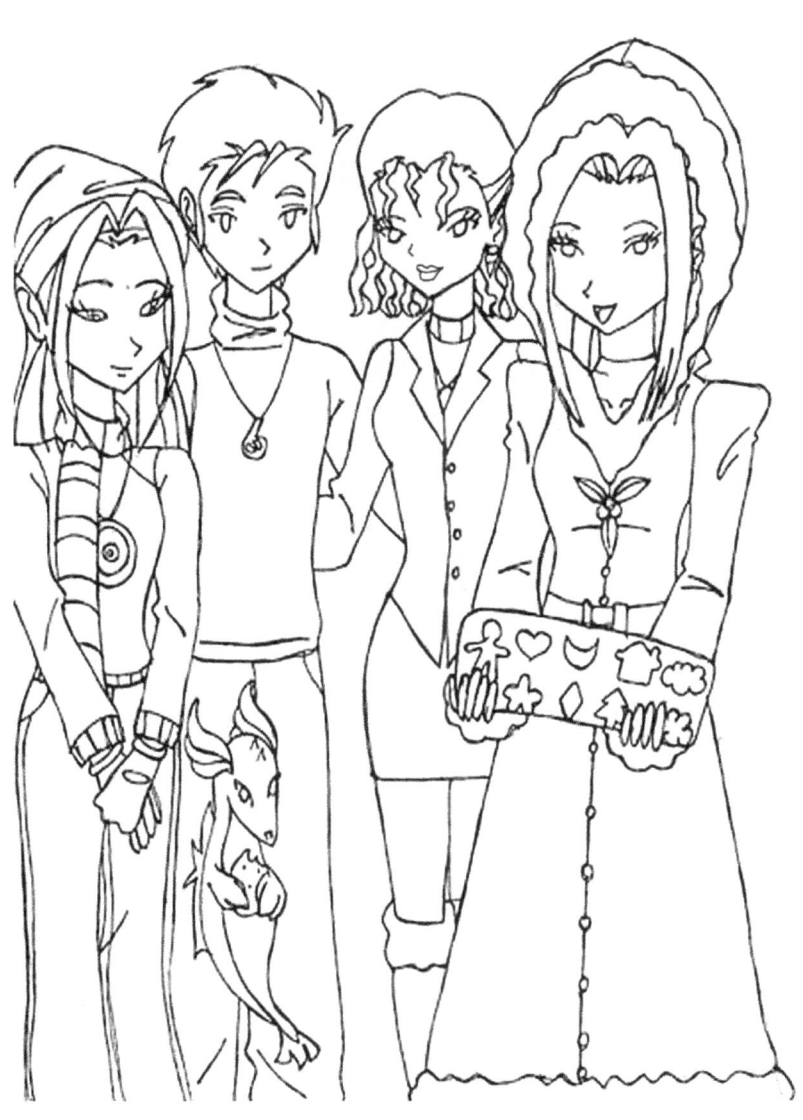

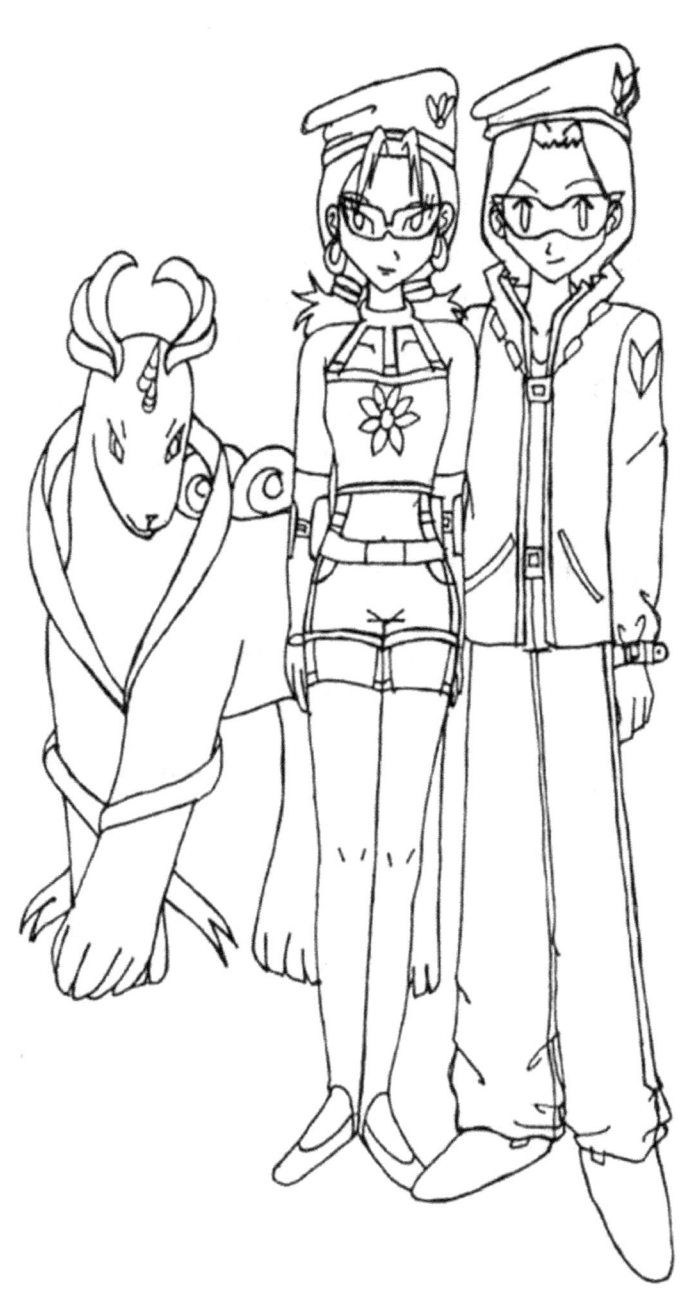

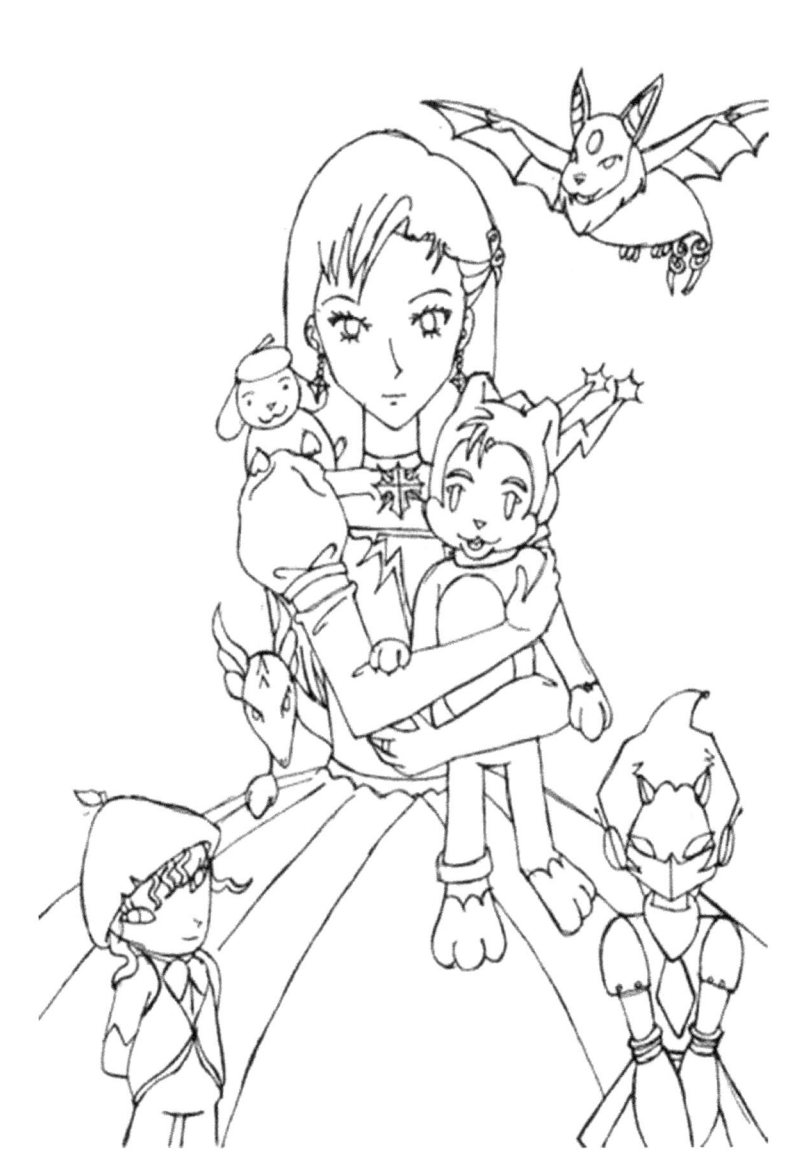

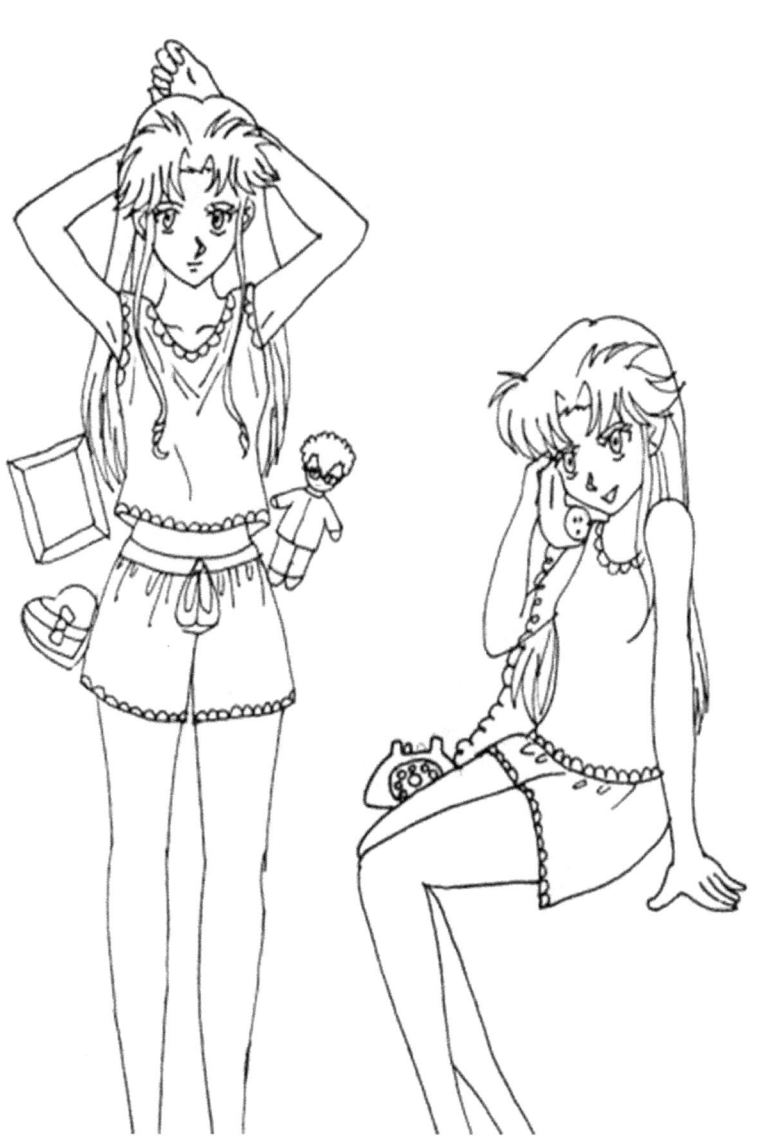